進化する勉強法

漢字学習から算数、英語、プログラミングまで

竹内龍人
日本女子大学
人間社会学部心理学科 教授

誠文堂新光社

はじめに

本書では、効率的に試験で高得点をとり、目標を達成するための勉強方法について説明しています。おもに中学入試、高校入試、そして大学入試を控えた子をもつ親に向けて、役立つ考え方や手法を解説しています。

しかし、本書で紹介する勉強法はあらゆる学びに応用できるので、資格試験や民間英語試験など、いわゆるペーパーテストの点数がカギとなるスタイルの試験すべてが本書のターゲットになります。つまり、子供から大人まですべての人に役立つ知識です。

本書は以下の2つの特徴にそのポイントを絞っています。それは、

（1）学習における効率のよさを追求したこと
（2）実験的に実証されたことがらのみを記載していること

まずは（1）について。試験勉強においては効率のよさが重要です。同じ時間

を使うのであれば、より成績が上がる勉強方法を採用する方がよいからです。

効率よく進めれば時間が余りますから、それを別の科目の勉強時間に割り当てたり、あるいはリラックスする時間に割り当てたりできます。またモティベーションという観点から言えば、学習時間が少ないのにもかかわらず成績が上がることが実感できれば、やる気はより増すでしょう。


続いて（2）について。私の専門は実験という手法を用いて人間の心の仕組みの解明を目指す「実験心理学」です。なぜ人間の心について実験をするのでしょうか？　例えば学習方法Aと方法Bの2つがあるとします。普通の受験生にとっては、この2つを同時に試すことはできません。ある1つの学習方法を進め、そして試験本番を迎えます。実際にはその学習方法がよかったのか、それは試験の結果が出るまではわかりません。

しかし、実験であれば、どのような学習方法でも試すことができます。そして、どのような方法が最もよいのか（最も効率的なのか）、それを明らかにすることができるのです。

今は、学業内容や試験に関する大変革の時期です。小学校の授業では英語に加えてプログラミングが取り入れられます。長らく行われてきた大学入試センター試験は終了となり、２０２１年からは「大学入学共通テスト」に取って代わられます。この新しい共通テストでは、とくに英語や国語の試験形態が大きく変化する可能性があります。

こうした変革はまだその端緒にあり、変革された内容が今後どのように定着していくのか、その先は見えません。よく言われるように、今の子供達を取り巻く状況と、私たち親世代が経験した状況とを同一視することはもはやできません。

しかし、たとえシステムがどのように変革されたとしても、変わらないことがあります。それは、脳が学習する仕組み、です。子供、大人にかかわらず、私たちは日々新しいことを学んでいます。私たちの脳が持つ学習の仕組みは長い進化の過程を経て作り上げられたものですから、入試制度がどう変革されようと変わることはありません。

また同時に、こうした仕組みに日常で気がつくことはまずありません。しかし実験をすれば、そうした仕組みが見えてくるのです。

例えば何かを記憶する際、ある方法でおぼえた方が、別の方法でおぼえるよりも思い出しやすい、といったことは実験を通してのみわかります。本書でいう「効率性」は、こうした人間の学習の仕組みに根ざしています。そのために、入試制度がどう変わろうが、本書の内容はそれに対応できるのです。

そういった意味で言えば、本書は勉強の効率性を解説することにより、人間の脳における学習の仕組みそのものを解説していることになります。私たちの脳、そして私たちの子供たちの脳はこのように振る舞うのだ、といったイメージを持つだけでも、学びには効果があると言えるでしょう。

脳の特性に依存しているからこそ、生まれもっての才能や経済力にかかわらず、すべての人に有効な勉強法です。

勉強にまつわるQ&A

本書で紹介する内容の中で、子供の勉強を見守るときに知っておくと役に立つことをまとめました。ここを読むだけで全体の概要をつかめます。詳しい解説や、関連する勉強法・アイディアはそれぞれのページを参照してください。

Q 頭のよさや性格は幼いうちに決まってしまうもの？

A 頭のよさの一面を表す指標にＩＱがあります。このＩＱは生涯を通して大きくかわることがないと考えられてきました。ところが近年の研究で、成長とともに身長や体重が変化するように、ＩＱも変化していくことがわかってきました。

また、よく「3歳までに性格が決まる」と言われることもありますが、実は性格も高齢になっても変化していくことが明らかになっています。したがって、頭をよくするために勉強をしたり、理想に向かって人間性を磨いたりすることは、だれにとっても重要な意味を持つといえます。

P018

Q 子供が社会的に成功するカギがある？

A そのカギは、「自己コントロール能力」が握っています。自己コントロール能力とは、いま自分がしたいことを抑えて、長期的な目標に向かって行動を起こす能力のことです。この自己コントロール能力が高い子供のほうが、将来に健康で経済的にも恵まれている状況にあることがわかっています。

また、知的能力を表す指標であるＩＱよりも、この自己コントロール能力のほうが、テストの成績と密接に関係あることがわかっています。

P028

Q やる気を引き出すために、ご褒美をあげてはいけない？

A ご褒美をあげることで、基本的には子供のモティベーション、つまりはやる気を向上させることができます。しかし、頻繁に物で釣っていると、その効果が薄れていく場合もあるので注意が必要です。
おすすめの方法は、「ほめ言葉」をかけることです。そして、子供をほめるときは、「生まれ持っての能力」ではなく課題に対する「パフォーマンス」や「がんばり具合」をほめることが、モティベーションアップに有効なことがわかっています。

P050

Q プログラミング教育って将来に役立つの？

A はい、おおいに役立ちます。2020年度から、小学校でプログラミング教育が導入されることに不安感を持つ方も多いでしょう。そもそも、プログラミング教育の目的は、プログラマを養成することや、特定のプログラミング言語に精通することではありません。
プログラミング教育で目指すことは、目的に合わせて論理的にものごとを組み合わせる思考力の獲得です。こうした思考力は国語や社会といった他の学習分野にもよい影響を与えることがわかっています。また、プログラミングに親しむことで、理系の分野に対して「自分はできる」という自己効力感を養うことができる、といった可能性が示唆されています。

P066

Q 本当に記憶に残る勉強法は？

A それは、復習です。そして復習にはテクニックがあります。復習というと、「学習後にすぐする」というイメージがあるかもしれませんが、学習後にしばらく時間が経ってから復習する「分散学習」が有効であり、かつ最も効率的であることがわかっています。これは、記憶ができあがるためには、脳内で数日かかるという特性をふまえた「分散効果」を活用した勉強法です。

記憶が必要な勉強、つまりあらゆる分野の学習で有効です。時間をあけた方がよいという考え方は直観に反します。それでも復習する前には時間をとった方がよいのです。

P096

Q テストって意味があるの？

A 実はテスト、特に本番前の小テストを活用することで、学習成果を効果的にアップさせることができます。これは「テスト効果」と呼ばれています。テストを利用して、学習したことを自分で思い出す努力をすることで、脳におぼえたことがしっかりと定着するのです。

そして、この「テスト効果」と前項の「分散効果」とを組み合わせることで、学習の効率性は最大になります。テストを単純に学習成果を試す機会としてではなく、「学習方法」として積極的に活用してみましょう。

P124

Q 新しい分野を学ぶために効果的な方法は？

A ひとつのことを繰り返し学習するよりも、同じ時間で複数のことをランダムに混ぜて学習するほうが成果につながることがわかっています。また、勉強場所をいつも同じ場所に決めてしまうよりも、自分の部屋、リビング、図書館といった具合にランダムに複数の環境で学習したほうが有効です。

学習内容や学習環境などをバラバラにしてしまうと効率的であるという「バラバラの法則」は、勉強だけでなくスポーツや芸術などの分野でも、ものごとを習得するのに有効な方法です。

P140

Q ノートはただ板書を写すだけじゃだめ？

A ノートには効果的な書き方・使い方があります。ノートを書くときには、板書を写すだけでなく、自分で調べたことを書き足したり、自分の言葉でまとめてみることが効果的です。こうした効果が実際にあることは、実験により確かめられています。

そしてそのノートをしっかりと活用しましょう。使うときには、ノートを読むだけでなく、そのノートを書き写したり、部分的に隠して思い出せるかをテストしてみるといいでしょう。

P156

Q 興味をもたせる工夫ができる？

A 学習内容が難しくなるにつれて、数学などの特定の教科に興味を持てなくなるケースは多くあります。そうしたときは、その教科に関連したことに興味を持てる工夫をしてみましょう。

「参考書のデザインが好み」「好きなキャラクターが解説してくれる」ということや、社会や国語であれば、「その話をマンガで読んだことがある」ということも興味を持つきっかけになります。

また、どうしても興味を持てない分野の場合は、「子供自身に教材や参考書を選ばせる」ことで、モティベーションを高めることができます。

P174

Q 子供の集中が途切れがち。対処法は？

A 集中力は短い時間の中で高まったり低下したりと揺れ動くことがわかっています。したがって、子供たちが勉強に対してずっと集中するのが難しいのはあたりまえのことだといえます。

集中を切らさないコツは、「勉強の邪魔をしない他者の近くで勉強すること」です。例えば、自宅のリビングや図書館などで学習するのは有効な方法です。

P234

はじめに……002

勉強にまつわるQ&A……006

第1章 勉強法の基本
脳の特性を生かすアイディア……017

IQは成長とともに変化していく
頭のよさは努力で変えられる？……018

性格は変わる？　それとも変わらない？
3歳までに性格は決まるのか……024

自己コントロールの重要性
社会的な成功を握るカギ……028

1万時間の法則は成立するのか？
一流になるまでにかかる時間の本当と嘘……040

「やる気」のしくみ
内発的動機づけとほめ言葉……050

漢字の勉強法
視覚と聴覚で覚える……058

英語の勉強法
伝えるためには文法が大切……062

2020年、必修化されるプログラミング教育とは？
論理的思考を獲得するチャンス……066

セルフ・ハンディキャッピングの功罪
なぜ勉強を先延ばししてしまうのか……074

マルチタスキングは有能な証か？
複数同時作業と集中力の関係……080

第2章 実践的な勉強法 テクニック編

第2章 実践的な勉強法 テクニック編 …… 089

勉強はやみくもにしすぎてもダメ
集中学習の限界 …… 090

学びの切り札(その1)〝分散効果〟
復習のタイミングと1対4の法則 …… 096

すぐ復習したほうがいい場合もある
集中学習と分散学習の選択方法 …… 104

暗記カードの枚数は多いほうがいい
ここにも表れる分散効果 …… 110

答え合わせにも正しい方法がある
答え合わせも復習のひとつ …… 114

学びの切り札(その2)〝テスト効果〟
最短で最大の効果を得られる学習法 …… 124

学習成果を持続させる〝バラバラの法則〟
成果アップのカギはランダムさ …… 140

手を動かすとよく記憶できる
書いて学習することは、あらゆる教科に有効 …… 152

ノートを使った効果的な勉強法
ノートの書き方と使い方 …… 156

算数・数学はイメージ化がポイント
イメージによる数の大小の理解 …… 160

学習する順番と記憶の関係
〝系列位置効果〟を活用して定着率アップ …… 164

第3章 実践的な勉強法 メンタル編

第3章 実践的な勉強法 メンタル編……173

興味をもたせるにはどうしたらよいか？
自分で選ぶと興味をもつ……174

プレッシャーに弱いのはなぜ？
ワーキングメモリーの働きが重要……178

不安を書き出す効果（その1）
プレッシャーを感じたら紙に書き出す……184

不安を書き出す効果（その2）
見守る大人も不安を解消しよう……190

ルーティン効果を活用しよう
繰り返しで身につく冷静さ……194

ライバル効果に惑わされない
成績が下がる錯覚……200

先延ばしの誘惑
期限は自分で決めると効果的……206

成績を支配する〝平均への回帰〟
失敗や成功で一喜一憂しない……218

ひらめきを生む秘訣は睡眠にあり
頭を使ったあとに眠る効果……224

差がつく休けい時間の使い方
脳を休ませて成績アップ……228

15分しか集中できない？
変動する集中力……234

おわりに……238

※本書は2014年3月に刊行された『実験心理学が見つけた超効率的勉強法』をもとに、大幅に加筆・修正を加えたものです。

第 1 章

勉強法の基本

脳の特性を生かすアイディア

ＩＱは成長とともに変化していく

――頭のよさは努力で変えられる？

「頭のよさ」にはさまざまな面がありますが、その一面を表す指標にＩＱ（Intelligence Quotient）があります。ＩＱは知能検査という特別なテストによって決まる点数です。

語学や算数の能力、いろいろなことがらに関する知識や記憶力、新しい問題に対する理解力や推理力をテストによって調べます。

そして、同じ年齢の人たちと比較して点数をつけるのです。ＩＱでは平均を１００とします。ですからＩＱが１００より高ければ、同じ年齢の人たちの平均より点数が高いということになります。

ＩＱでわかる能力とは、記憶力や語学力、算数の能力といった、１つだけある正解をすばやく見つけ出す能力です。そのため、ＩＱの値と学校でのテストの成績には深い関係があるといえます。

その一方で、とても美しい絵が描けるとか、けん玉が得意だとか、誰とでも友達になれるといった能力はＩＱで測ることはできません。どんなことに対してもすぐにおもしろいことが言える人は頭がよさそうにみえますよね。しかし、そういった能力もＩＱではわかりません。


子供たちの身長や体重は年齢とともに大きく変わります。では、年齢とともにＩＱも変わるのでしょうか？

それともＩＱは生まれたときに決まっていて、いくら勉強しても変わらないのでしょうか？

実は**これまでは、ＩＱは生涯を通してそれほど大きくは変わらないものだと考えられてきました**。もしほんとうにＩＱが変わらないのであれば、学校でのテストの成績が悪かったとき、「生まれつき頭がよくないから……」と悲観してしまうこともあるかもしれません。

しかし、最近の研究結果から、ＩＱも年齢とともに変化していくことがわかりました。研究01で紹介するイギリスの研究では、14歳から18歳の間、つまり中学時代や高校時代にＩＱと脳が変わることが示されました。

変化するＩＱと脳

この実験では、４年間の間に２回知能検査を行い、ＩＱが変わるかどうか調べました。そのときに脳測定も行い、神経細胞体（灰白質）の密度を調べました。その結果、**４年の間に最大で20くらいＩＱが上がる人もいれば、やはり同じくらい下がってしまう人もいた**のです。

そして、**ＩＱが変化するときには、脳も変化していました**（研究01－図１）。ＩＱが上がった人は、知能検査時によく活動する脳の部位にある細胞体の密度が高くなっていたのです。一方でＩＱが下がった人は、細胞体の密度が低くなっていました。

研究01

ＩＱと脳細胞の変化

方法 平均年齢14歳の生徒（イギリス人、33名）に対し、知能検査（WISC-Ⅲ）とMRIによる脳計測を行います。約4年後、同じ生徒（平均年齢18歳）に再び知能検査（WAIS-Ⅲ）と脳計測を行います。

結果 **4年間における言語性ＩＱの変化は生徒によって異なり、その範囲は±20程度でした。脳の細胞体の密度**（運動性言語野の灰白質密度）**も、ＩＱの変化に合わせて上下しています**（図1）。動作性ＩＱも同じように変化していました。

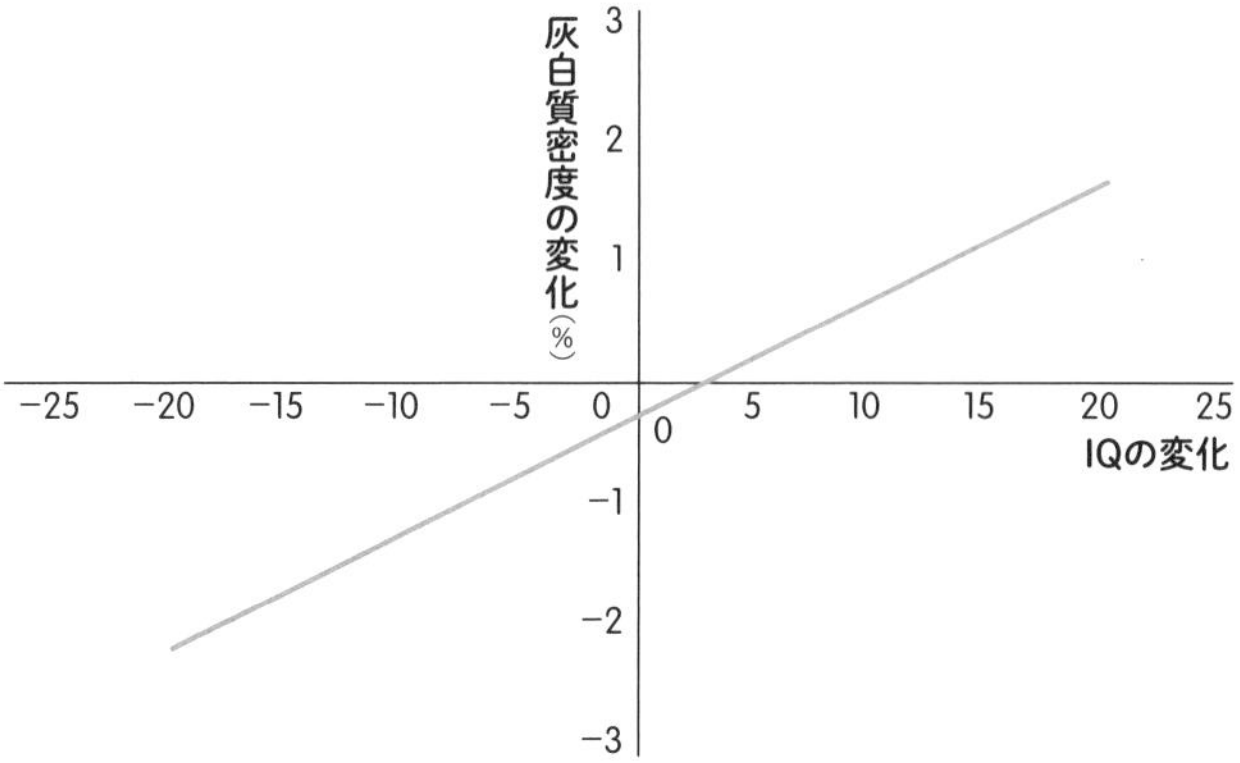

図1. IQと脳の灰白質密度の変化［Ramsdenら（2011）を改変］

参考文献: Ramsden, S., Richardson, F., Josse, G., Thomas, M., Ellis, C., Shakeshaft, C., Seghier, M., & Price, C. (2011) Verbal and non-verbal intelligence changes in the teenage brain. Nature, 479, 113-116.

大人になっても脳は変化し続ける

では、成長期に脳を「よい方」へ変えることはできるでしょうか？　残念ながら、今のところその方法はわかりません。脳がどのように変化していくのか、その実体はわからないことだらけなのです。ですが、規則正しく食事や睡眠をとり、バランスよく勉強と運動をして、そして勉強以外の課外活動も積極的に行い、友人や家族といつでもきちんとコミュニケーションをとるといった行動は、きっと脳の成長にもよいでしょう。

では、ティーンエイジャーのころまでに形づくられた脳は、その後変化することはないのでしょうか？　実はそうではないのです。

複数のボールを落とさないように投げ続けるジャグリングを題材にした研究を紹介しましょう。ドイツの研究グループが行ったこの研究では、初心者がジャグリングの練習を始める前、練習期間中、そして練習をまったくやめたあとに、動いている物を見ることに関係している脳の部位の体積を測定しました。

新しいことを始めると脳は変わる

その結果、**練習開始後にはその部位の体積が急速に増えた**のです。練習を続けて課題ができるようになると、体積は変化しなくなりました。そして練習をやめてしまうと、その体積は減ってしまったのです。この実験に参加した人たちの平均年齢は26歳でしたから、大人になっても脳は変わるのですね。

脳の体積が増えるということが実際に何を意味するのか、それはまだわかっていません。脳の神経細胞（ニューロン）の数は、大人になるとそれほど変化しません。ですから、細胞自体ではなくて、たくさんの細胞をつなぐ連結が増えているのではないかと考えられます。

何か新しいことを始めると、たとえ大人であっても脳は変化するのです。もっと若い子供たちの脳は、ずっと変化しやすいはずでしょう。新しいことを始めると大人になっても脳が成長する、そう思ってなにごとにもチャレンジすることが大切です。

参考文献: Driemeyer, J., Boyke, J., Gaser, C., Büchel, C., & May, A. (2008) Changes in gray matter induced by learning – revisited. PLoS one, 3, 7, 1-5.

性格は変わる？ それとも変わらない？

――3歳までに性格は決まるのか

性格（心理学では「パーソナリティ特性」と呼びます）について考えたことはありますか？

ここでいう性格とは、規律正しいかどうか、注意深いかどうか、疑い深いかどうか、落ち着いているかどうか、想像力があるかどうか、外交的かどうか、内気かどうか、だらしないかどうか、まじめかどうかといった、人間の心に関するいろいろな特徴のことです。

子供の性格について、好ましい部分もあるけれど、ちょっと困った部分もあるな、と思っている親もいるかもしれません。

例えばテストのときに不注意になりがちで、普段なら絶対に間違えない問題をミスしてしまったり、テスト前なのについゲームに手が伸びて勉強に集中できなかったりすると「性格のせいかも」と思うことがあるかもしれません。

こうした行動を引き起こしてしまう性格をよい方向に変えたい、もう少し注意深い性格や真面目な性格に育ってほしい、と考えることもあるでしょう。

では、そもそも人の性格が変わることはあるのでしょうか？

実は昔の心理学では、人の性格は3歳のころに決まってしまい、それ以降はあまり変わることはないと考えられていました。しかし、**人の性格に関する研究が進み、今では3歳で人の性格がすべて決まってしまうようなことはない**とわかっています。

では何歳ごろまでに性格は決まるのでしょうか。10歳、20歳、あるいはもっと上の年齢でしょうか？　アメリカの研究グループはメタ分析という研究方法を使い、性格が決まる年齢を明らかにするという問題に取り組みました。これまでに行われた多数の研究結果を分析し直してまとめていくのがメタ分析です。

研究

02

性格は成長とともに変化していく？

方法

メタ分析により年齢と性格との関係を調べ、現在の性格と7年後の性格との一致度合いを計算しました。

結果

小さいときには性格の一致度合いは低い結果となりました。**年を取ると性格の一致度は高まりますが、70歳になっても完全に一致することはありませんでした。**

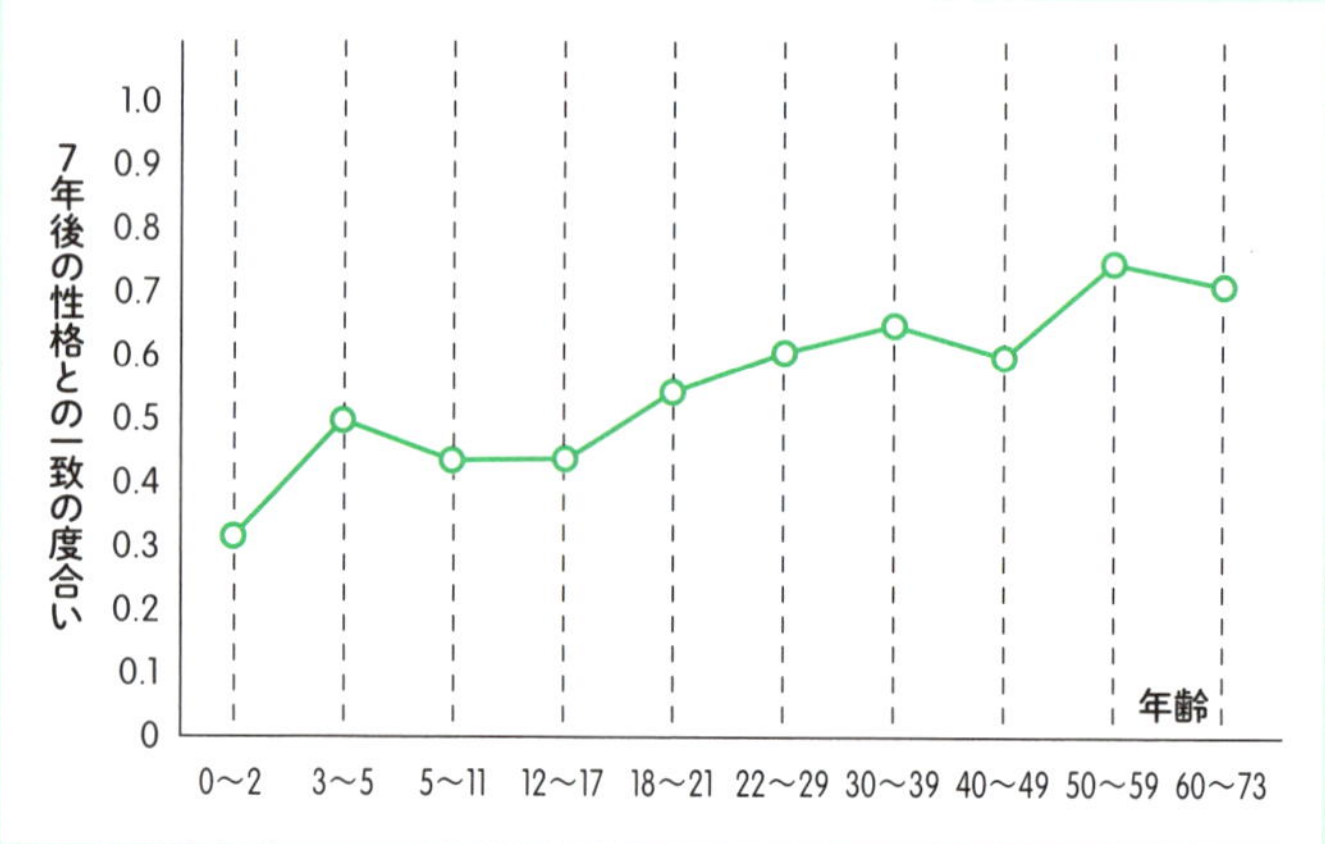

図1. 年齢と性格の一致度の変化［Roberts & DelVecchio(2000)を改変 ］

参考文献: Roberts, B. W. & DelVecchio, W. F. (2000) The rank-order consistency of personality traits from childhood to old age: A quantitative review of longitudinal studies. Psychological Bulletin, 126, 3-25.

性格も変えられる

心理学では、研究対象が小さい子供の場合にはその行動を観察することで、大人の場合にはいろいろな質問に答えてもらうことで、人の性格を調べます。そうして調べた性格は年齢とともに変わるのか、あるいは変わらないのか?

研究02-図1から、今の性格と7年後の性格がどれくらい一致しているか、ということがわかります。今の自分と7年後の自分の性格が完全に一致していれば、つまり性格がまったく変わらないのであれば、グラフの「一致の度合い」は1・0になります。一方で、全然一致していなければ、「一致の度合い」は0になります。**一致の度合いは年齢が上がるにつれて少しずつ大きくなっていきますが、70歳になっても完全に一致することはありません。**

このように人の性格は、生きている間にどんどん変わっていきます。ですから、なりたい性格を目指して自分の今の性格を変えていくこともできるのです。

自己コントロールの重要性

――社会的な成功を握るカギ

社会的に成功する（あるいは大失敗しない）カギはなんでしょうか？　いろいろな研究から、自己コントロール（セルフコントロール）する能力がとても大事であることがわかっています。**自己コントロールとは、今やりたいことを我慢し、長期的な目標に向かって行動できる能力**です。

例えば目の前にあるスマートフォンのゲームをプレイすることを我慢し、中学受験にそなえて勉強することができるのであれば、自己コントロール能力が高いと言えます。大人であれば、ダイエットしなければいけないとわかっていつつ、目の前のポテトチップスを食べてしまいがちであれば、自己コントロールできていないと評価されてしまいます。自己コントロール能力と社会的成功との関係を示したデータを紹介しましょう。研究03をみてください。

研究

03

自己コントロール能力と健康や収入

方法

この研究では、ニュージーランドの学園都市ダニーデン（Dunedin）で1972年に生まれた1000人の市民に対して、32歳になるまでの追跡調査を行っています。

3歳の頃から定期的に、親や教師が子供の自己コントロール能力を見積もり、点数化していきます。行動が衝動的であったり、現在行っている課題に注意することができなかったり、あるいはじっとしていられない場合、自己コントロールの得点は低くなります。

結果

自己コントロール能力は大きな個人差があります。その個人差と大人になってからの経済状況や健康状況との関係を表したのが図1と図2です。

まず、**幼少時の自己コントロール能力が低いと、15歳までにタバコを吸ってしまう割合が高くなります**（図1）。

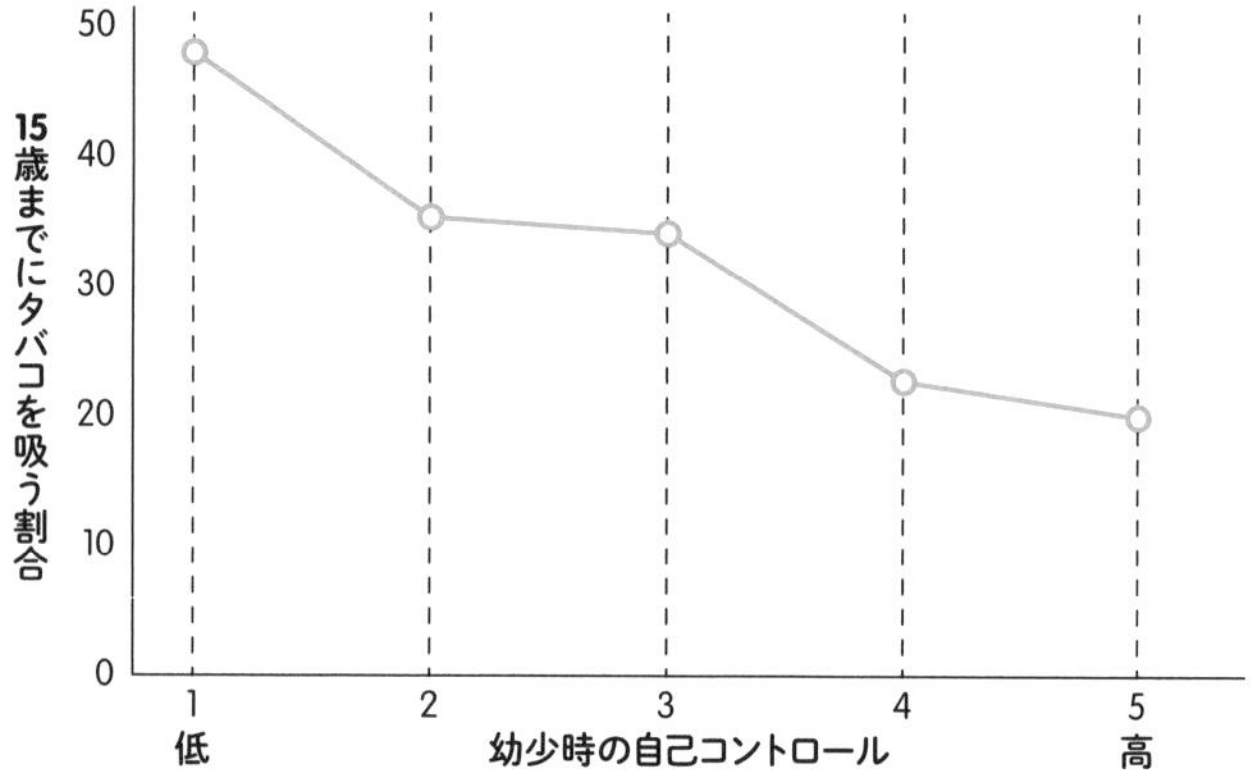

図1. 自己コントロール能力とタバコを吸う割合［Moffittら(2011)を改変］

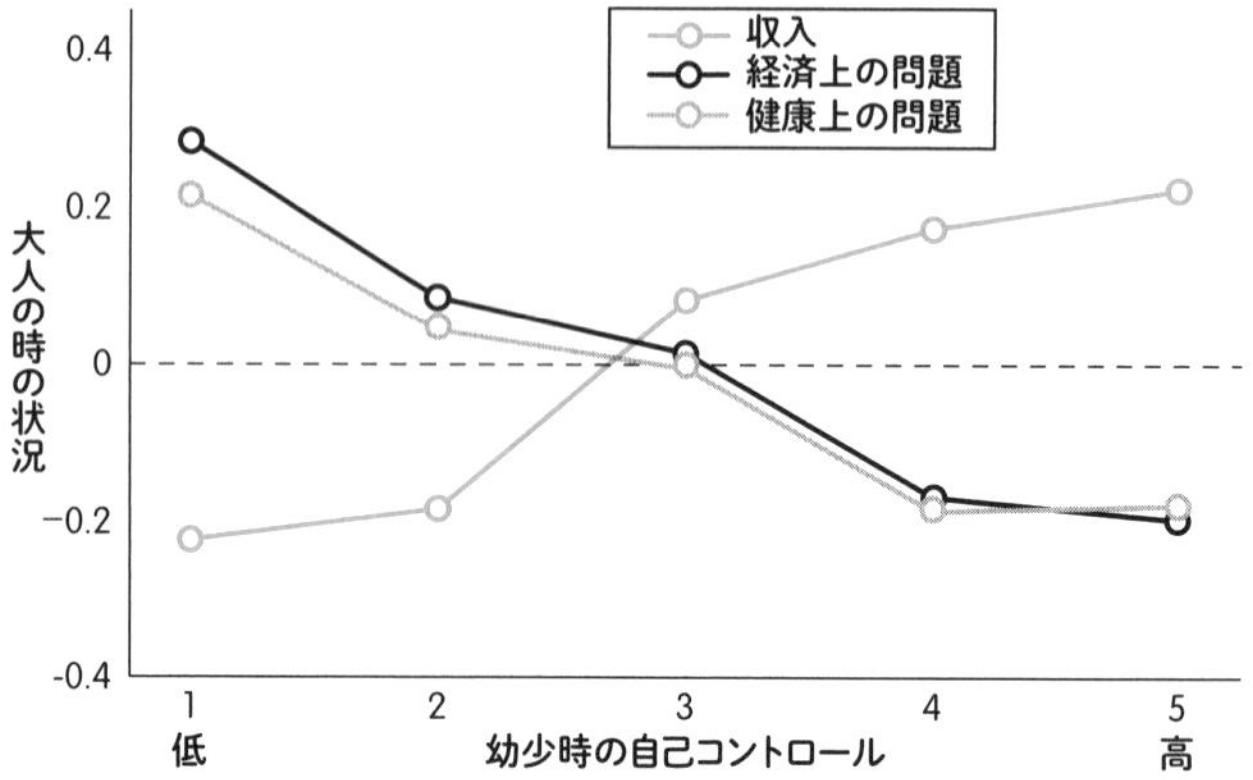

図2. 自己コントロール能力と大人になった時の状況［Moffittら(2011)を改変］

参考文献: Moffitt, T. E. et al. (2011) A gradient of childhood self-control predicts health, wealth, and public safety. PNAS, 108, 2693-2698.

幼少時の自己コントロール能力は、大人になった時に、さらに大きな影響を及ぼします。

自己コントロール能力が高かった子供たちは大人になった時により健康であり、また収入が高い傾向にありました。したがって、経済上の問題を抱える可能性が低くなります（図2）。

自己コントロール能力も変化する

研究03の結果からすると、3歳の時に自己コントロール能力が低いともう希望はないのか、と思ってしまうかもしれませんが、そうではありません。

この研究では定期的に自己コントロール能力を評価しました。すると、幼児期は自己コントロール能力が低くても、小学校高学年になると自己コントロールができるようになる児童が少なからずいることがわかりました。

こうした児童の将来は、幼少時から自己コントロール能力が高い場合と遜色なく、健康や収入が高いレベルになる割合が高いことが判明しています。

また、**研究03-図1や研究03-図2で示した傾向は、調査対象となった子供たちが育った家庭の経済状況、あるいは子供自身のIQに関係なく共通してみられています**。自己コントロール能力がとても大事であることがわかります。

では、こうした自己コントロール能力は学業成績とどのような関係にあるのでしょうか？

成績がいい人の共通点とは？

学業成績は、勉強に使った時間の長さが成績を決めるのでしょうか、時間が長くても効率が悪ければ成績は上がりにくいでしょう。では、出題される問題を当てる勘のするどさでしょうか。

こうしてよくよく考えてみると、成績を決めている要因を特定するという問題はとても難しいことがわかります。テストの成績と一番関係が深い要因が何かを明らかにするために行われた研究を紹介します。

34ページの研究04をみてください。対象は、362名の中学3年生です。まず学年が始まるときに、中学生自身や親、先生に対してアンケートをとります。アンケートでは、生徒の性格や日頃の勉強態度、生活態度、自己コントロール能力の高さといったことを尋ねます。自己コントロール能力の高さとは例えば、テレビゲームを続けたいときにそれを我慢して試験勉強をする、といった心の強さのことです。

また、各中学生に知能テストを行い、各人のＩＱ、すなわち知能指数を求めます。ＩＱが高ければ、同じ年代の人よりも知的能力がすぐれているということになります。

その後は、学年の終わりまで、学校の欠席日数、宿題に使った時間、毎日テレビを見た時間、といったデータをとります。学年の終わりには、1年間の定期テストの平均点やアチーブメントテスト（全員が受けるテスト）の点数、進学が決まった高校のレベルといった、成績に関するデータが出そろいます。さて、学年末に得られた成績は、各中学生のどのようなデータと関係していたでしょうか？

研究

04 自己コントロール能力と学業成績

方法 学年が始まるときにアンケートや知能テスト、自己コントロール能力のテストを行いました。その結果と、学年の終わりでの成績がどれだけ関係しているかを調べました。

結果 定期テストの成績や進学する高校のレベルの高さ、宿題に使った時間の多さ、テレビを見る時間や欠席日数の少なさは、**ＩＱよりも自己コントロール能力と関係が強いことがわかりました。**

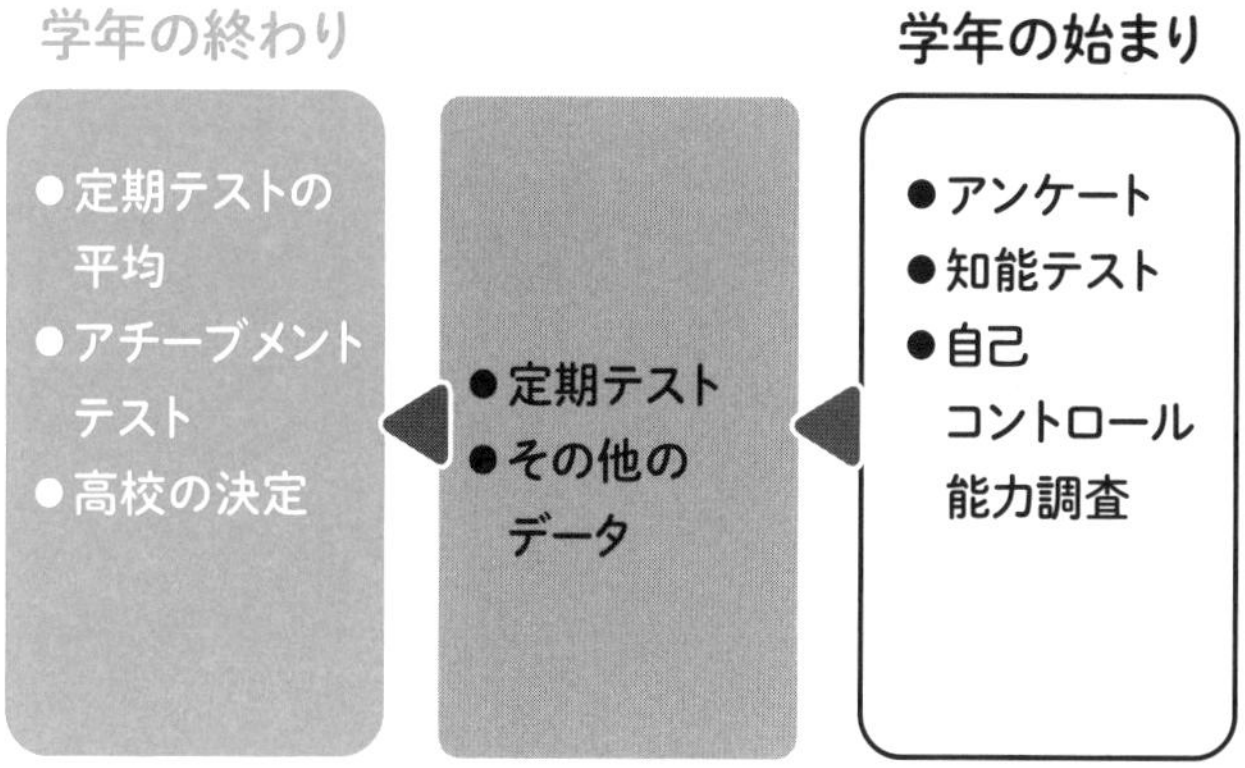

図1.調査の手順

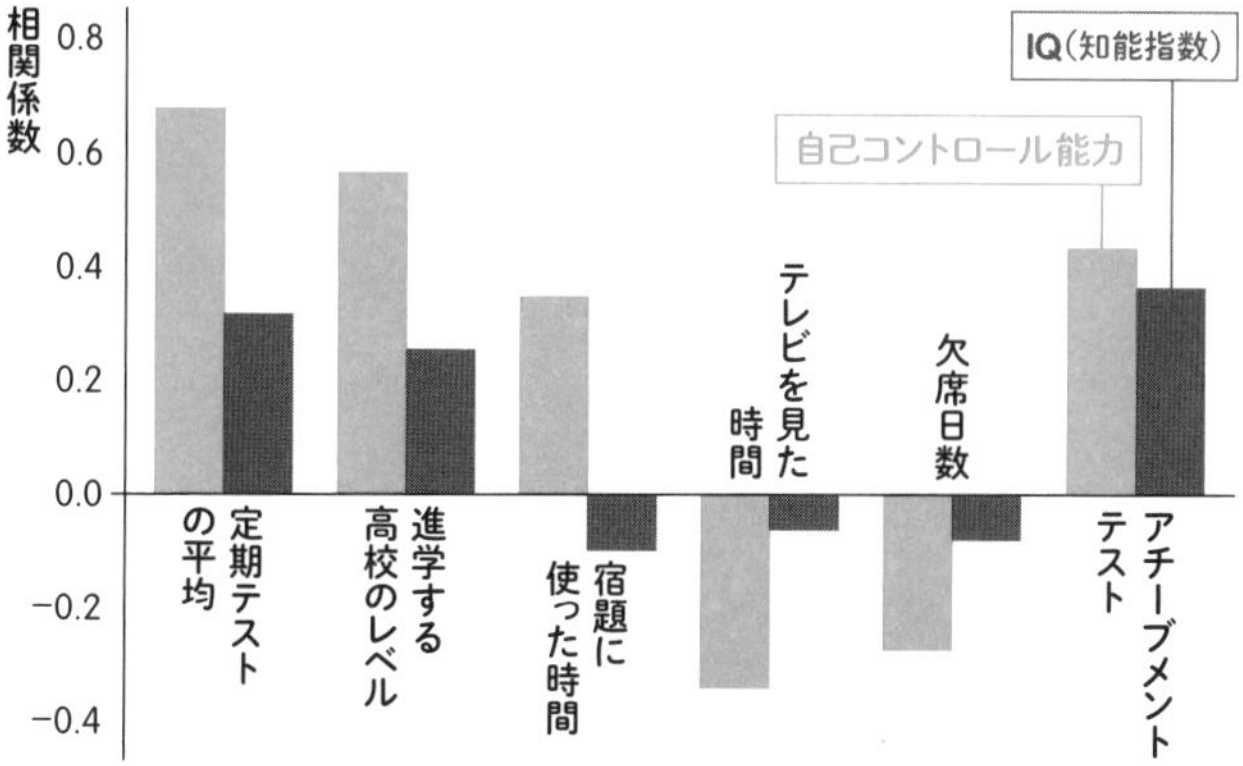

図2. IQ・自己コントロール能力と各種データの関係[Duckworth & Seligman(2005)を改変]

参考文献: Duckworth, A. L. & Seligman, M. E. P. (2005). Self-discipline outdoes I Q in predicting academic performance of adolescents. Psychological Science, 16, 939-944.

成績に一番影響するのはIQではない

35ページの研究04－図2は、成績に関連したデータと自己コントロール能力、IQがどれだけ関係を持つかを表しています。
関係の強さを専門用語では「相関係数」と呼びます。プラス方向（上方向）でもマイナス方向（下方向）でもどちらでもいいのですが、棒グラフ（相関係数）が長ければより関係が強いといえます。

結果からわかるように、定期テストの平均や進学する高校のレベルは、IQよりも自己コントロール能力の強さの方が関係が深かったのです。つまり、**自己コントロール能力が強い生徒はテストの得点が高かったり、レベルの高い高校に行くことができた**、ということです。

同様に研究04－図2をみると、宿題に使った時間の多さや欠席日数の少なさ、テレビを見る時間の少なさも自己コントロール能力が深く関係していました。つまり、**自己コントロール能力が弱い生徒は、宿題をあまりやらなかったり、欠席が多くなったり、テレビを長い時間見てしまう**という傾向があることがわかりました。

アチーブメントテストの場合は、自己コントロール能力だけでなくＩＱも同じくらい関係していました。その理由は、アチーブメントテストの問題形式が知能テストとよく似ているからだと考えられます。

直感的には、ＩＱが高ければテストの成績がよくなるように思えます。ところがこの研究からは、**最も重要な要因はＩＱではなく「自己コントロール能力」である**ことがわかったのです。

マシュマロテストの落とし穴

さて、幼少時の自己コントロール能力の評価は親や先生の観察に基づくことが多いのですが、幼児の行動のみから自己コントロールを評価するテストも考案されています。

その一つがマシュマロテストと呼ばれるとても興味深い手法で、目の前に出されたマシュマロを食べずに我慢できた時間を測定するのです。幼少時にマシュマロを我慢できた時間に比例して、将来の学業的成功の可能性が高まるという結果が得られており、大変注目を浴びていました。

ところが最近、マシュマロテストを多数の子供たちに対して追試した上でデータを解析し直したところ、**マシュマロテストでは必ずしも子供の将来の学業成績を予測できない**ことがわかりました。

マシュマロを我慢できる時間は、自己コントロールを反映しているというよりは、家庭の経済状況に依存する面の方が大きく、経済的に高いレベルの家庭で育っている幼児の方が目の前のマシュマロを我慢できる時間が長い、と結論づけられたのです。

参考文献: Watts, T. W. et al. (2018) Revisiting the Marshmallow test: A conceptual replication investigating links between early delay of gratification and later outcomes. Psychological Science, 29, 1159-1177.

実際のところ、マシュマロテストの結果から一体何がわかるのか、現状では必ずしも明らかでないといえます。

マシュマロテストの結果に基づいて、子供の自己コントロールについて論じているものについては、その解釈については注意が必要になります。

なお、マシュマロテストの効力が否定されたとしても、自己コントロール能力についての重要性について否定されたわけではないので、その点についても注意すべきです。

1万時間の法則は成立するのか？

——一流になるまでにかかる時間の本当と嘘

一流になるためには、どうしたらよいでしょうか？

才能は必要でしょうか、才能の有無はどうやって見極めたらよいでしょうか？当然、たくさんの勉強や練習をする必要があるでしょう。でも、いったいどれくらいの時間をかければよいでしょうか？

フロリダ州立大学の心理学者K・A・エリクソンとその共同研究者が1993年に発表した論文は、この疑問に答えを与えるものでした。エリクソンは、一流になれるかどうかは、どれだけ時間をかけてしっかりした練習や勉強をするか、それのみで決まり、生まれつきの才能は関係ない、と結論したのです。

「1万時間の法則」という言葉を聞いたことがあるでしょうか。**「1万時間の法則」とは、何かの分野で一流になるためには、生まれつきの才能は関係なく、しっかりとした練習や勉強を1万時間すればよい、という法則**です。

ビジネス本などでは、コツコツ続けることの大切さを強調するためによく出てくる話なのですが、その元がここで紹介するエリクソンらによる1993年の研究です。

エリクソン自身は「1万時間」という時間を決めたわけではありません。しかし、一流になるためにはこれと同じくらい長く練習したり勉強したりすることが何より重要だ、といっています。

1万時間というのは、とても長い時間です。例えば週7日、1日3時間練習(勉強)したとしても、1万時間を達成するには10年かかります。実際には1日も休まないといったことは不可能ですから、もっとかかるかもしれません。

エリクソンらは、どのような研究からこの結論にたどりついたのでしょうか？

42ページの研究05をみてみましょう。

研究 05

一流になるための練習時間

方法

ベルリンにある音楽学校の学生（ヴァイオリンの技量が高いグループ、中くらいのグループ、低いグループ各10名、平均年齢23歳）とプロのヴァイオリニスト（10名、平均年齢50歳）が、どれだけの単独練習（1人で行う練習）を18歳までに行ったのかを調べました。

結果

技量のレベルが高いほど、平均の練習時間は多いことがわかりました（図2）。**プロや最も高い技術を持つ学生は、18歳までに平均で7400時間の単独練習を行っていました**（同じペースの練習を続けると、20歳までに1万時間を超えます）。

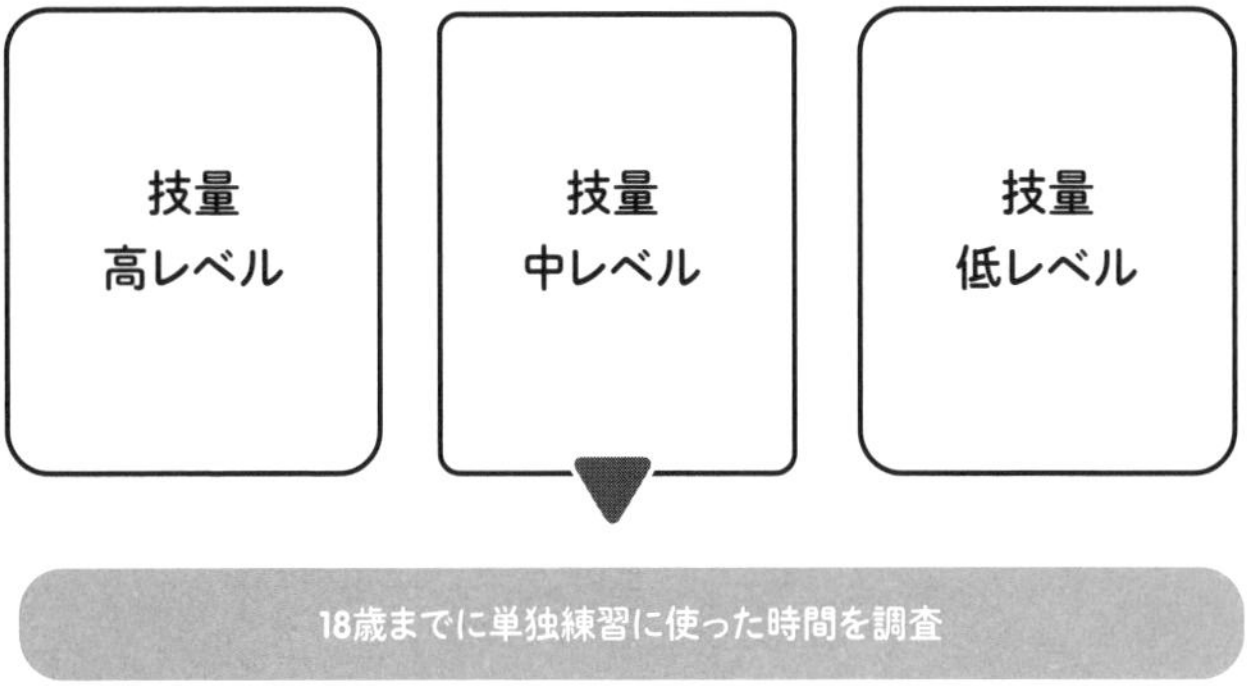

図1. 調査の概要

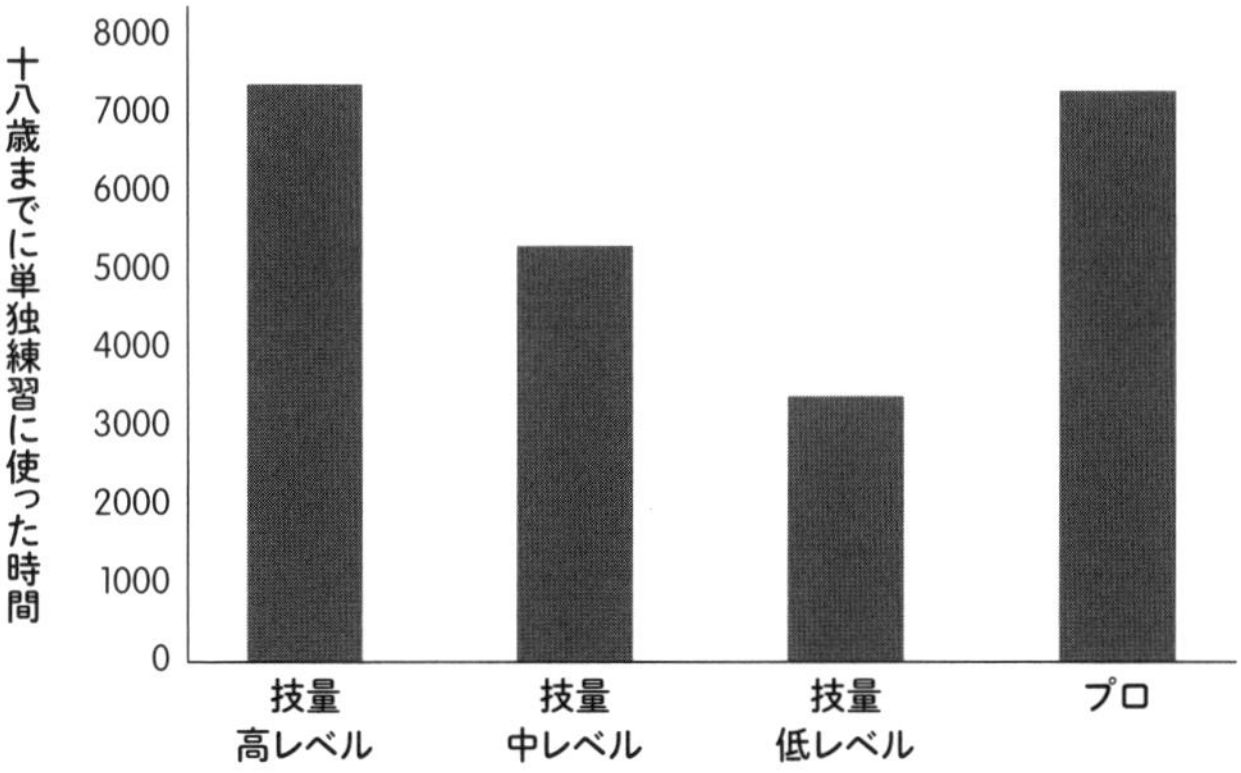

図2. 技量レベルと練習時間との関係 [Ericssonら(1993)を改変]

参考文献: Ericsson, K. A., Krampe, R. T., Tesch-Romer, C. (1993) The role of deliberate practice in the acquisition of expert performance. Psychological Review, 100, 3, 363-406.

練習時間が最も重要という結論

この実験の題材は音楽でした。彼らは、ヴァイオリニストの現在の技術レベルと、それまでの練習時間との関係を調べたのです。その結果、実際にプロとして活躍しているヴァイオリニストは、20歳までに平均で1万時間以上の単独練習をしていました。

一方で、それよりレベルの下がるヴァイオリニストは約7800時間、さらに技量の低いヴァイオリニストは約4600時間という練習をこなしていました（研究05－図2のグラフは18歳までの単独練習時間）。

ピアノの場合も結果は同じで、高度なテクニックを持つピアニストは、20歳までに平均で1万時間以上の単独練習を行っていました。

この研究から、練習にかける時間が何より重要だと結論したのです。

ところが最近の研究から、長い時間をかけて練習（学習）さえすれば、生まれつきの才能は関係なく誰でも一流になれるという考え方は必ずしも正しくないこ

とがわかってきました。

1万時間の法則はいつも成立する？

アメリカやイギリスの研究チームは、チェスと音楽について1万時間の法則が成り立つかどうかを調べました。

チェスには、レーティングという点数をつけるしくみがあります。レーティングが2200以上であれば一流といわれています。レーティングが2200以上のチェスプレイヤーはみな、1万時間以上の練習をしてきたのでしょうか？

そういったトッププレイヤーから、これまで練習に使ってきた時間を聞いてみました。46ページの研究06をみてみましょう。

研究

06

チェスの技量と練習時間

方法 チェスに関して、現在の技量（チェスの場合はレーティング）と、これまでに練習のために使った時間との関係を調べました。

結果 レーティングが2200以上のプレイヤーの平均練習時間は、1万時間を超えました（図1）。

しかし、**個人別にみると練習時間には大きな違いがあり、1万時間より短いプレイヤーや、2万時間以上のプレイヤーもいました**（図2）。つまり、**練習時間だけでレーティングが決まるのではないことがわかります。**

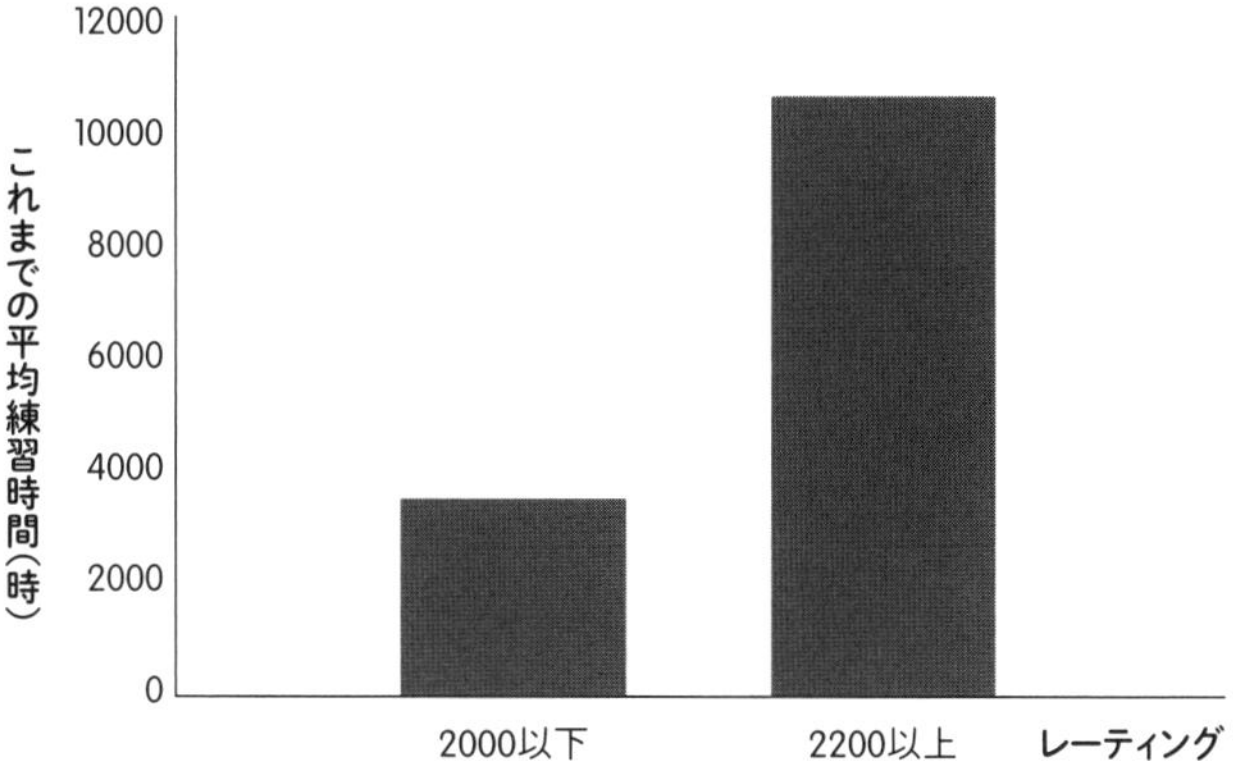

図1. レーティングと平均練習時間との関係 [Hambrickら(2014)を改変]

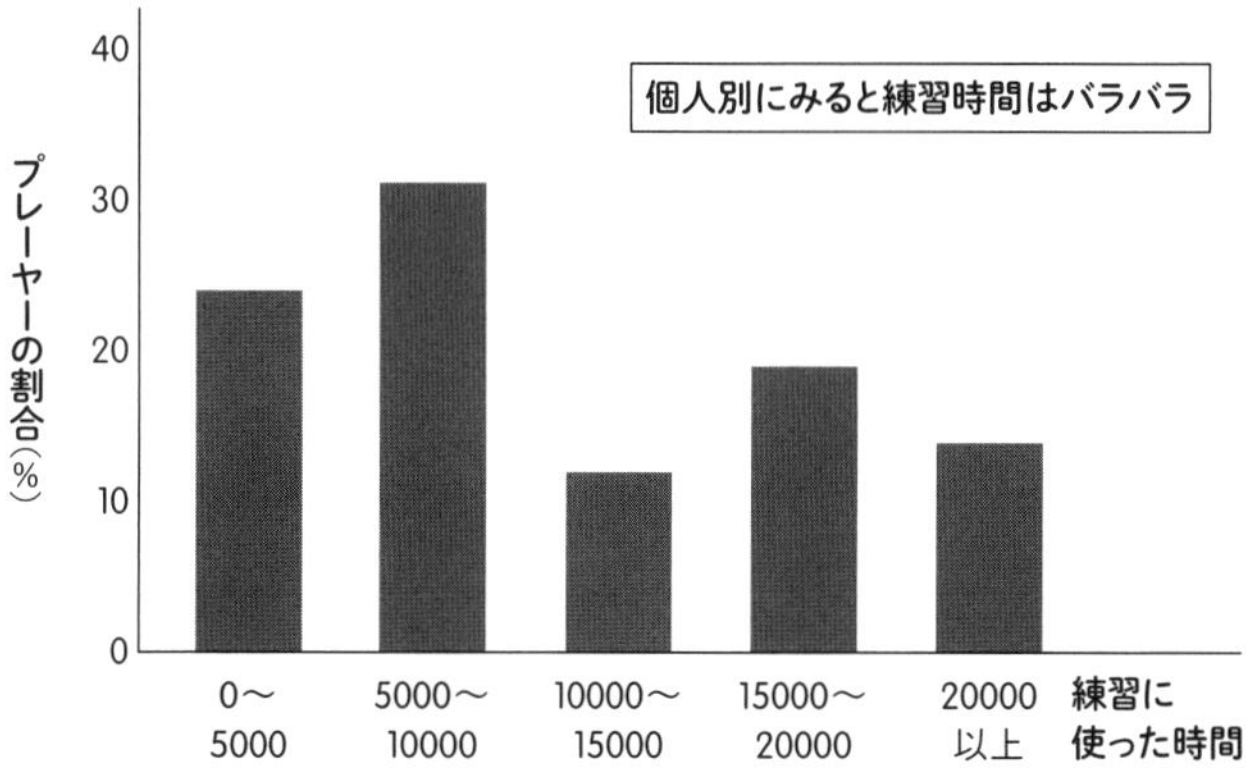

図2. レーティング2200以上のプレイヤーの練習時間 [Hambrickら(2014)を改変]

参考文献: Hambrick, D. Z., Oswald, F. L., Altmann, E. M., Meinz, E. J., Gobet, F., & Campitelli, G. (2014) "Deliberate practice: Is that all it takes to become an expert?", Intelligence, 45, 34-45.

1万時間の法則は必ずしも成立しない

調査結果をみてみましょう。レーティングが2200以上のプレイヤーの平均練習時間は1万530時間でした。一方、レーティングが2000以下という中間レベルのプレイヤーの平均練習時間は3179時間でした（47ページ研究06－図1）。この結果だけを見ると、「1万時間の法則」は正しいように見えます。

ところが、レーティング2200以上のプレイヤーたちのデータを個別に調べるとおもしろいことがわかりました。研究06－図2をみてください。練習時間はみなバラバラだったのです。とても長い時間練習をしたプレイヤーもいれば、中間レベルのプレイヤーの平均よりもずっと練習時間が短かったプレイヤーもいました。レーティング2200に到達するために、あるプレイヤーは2万4284時間も練習した一方、832時間の練習しかしなかったプレイヤーもいました。

つまり、**「1万時間の法則」はいつでも成り立つ、というわけではない**のです。まさに人それぞれであることがデータからわかりました。チェスだけではなく、音楽やスポーツ、あるいは学業についても同じような結果になりました。

この研究は、練習や勉強に時間をかけても意味はない、と結論しているのではありません。**一流になるために必要な練習時間や学習時間は人によって違う**、ということなのです。寄与率という指標があります。よい成果に対してある要因がどれくらい寄与したか、を表します。アメリカの研究者グループが行った最近のメタ分析によると、**音楽やスポーツで成功するためにかけた「時間」の寄与率は20%以下**でした。**学業的な成功(よい成績をとったりよい学校に入学したりすること)における「時間」の寄与率はさらに低く、なんと10%以下**だったのです。

本書で詳しく解説する効率的な学習方法を利用すれば、学習時間を減らすことができます。**かけた時間が短いのに一流になっている人は、こうした効率性が高い学習方法を採用している**のだと考えられます。1万時間の法則に基づいて学業やスポーツの向上を論じているものについては、その解釈に注意が必要になります。

参考文献: Macnamara, B. N., Hambrick, D. Z., & Oswald, F. L. (2014) Deliberate practice and performance in music, games, sports, education, and professions: A meta-analysis. Psychological Science, 25, 1608-1618.

「やる気」のしくみ
――内発的動機づけとほめ言葉

学習や仕事に対するやる気はどのようにして出てくるのでしょうか？　**外から与えられるご褒美（報酬）を目的として意欲が出てくる場合（外発的動機づけ）**と、**自分自身の好奇心や向上心などに基づいて意欲が出る場合（内発的動機づけ）**の2つに分類して考えるのが心理学では一般的です。

しかしこの2つの動機づけは明確に分かれるものではありません。例えば最初はご褒美が目当てでも、課題自体がだんだんおもしろくなり、しまいにはご褒美がなくても自ら取り組むようになるといったように、外発的な動機づけが内発的に変わることもあります。

あるいは、その課題自体には興味がなかったとしても、友だちとの競争に勝ちたいから、あるいは将来役立つかもしれないから取り組むといったように、やる気が内発的と外発的の中間に位置するような場合もあります。

報酬はやる気を削ぐ？

やる気を出させる1つの方法は、報酬を与えることです。金銭や物は当然報酬となりますが、ほめ言葉も立派な報酬です。1970年代に行われた実験結果から、報酬を与えると内発的動機づけ、つまり自発的に行おうとする意欲が低下し学習意欲が削がれるので、報酬は極力与えない方がよい、といった提言がなされてきました。

心理学者のエドワード・デシにより1971年に行われた実験はとても有名で、今でも一般向けのウェブサイトや書籍で紹介されています。

この実験では、報酬としてお金を与えると難しいパズルに自発的に取り組む時間が少なくなるという結果が得られました。**報酬がやる気を削ぐという意外な現**

参考文献: Deci, E. L. (1971). Effects of externally mediated rewards on intrinsic motivation. Journal of Personality and Social Psychology, 18, 105-115.

象をアンダーマイニング効果と呼びます。

報酬は意欲を高める

しかしながらアンダーマイニング効果を拡大解釈すると、ほめ言葉や手作りの賞状といったものまでが悪影響を及ぼすということになり、実感とはマッチしません。

その後、様々な実験や調査が行われた結果、**現在では、報酬をネガティブに捉える見方は間違いであり、報酬は基本的に意欲を高める方向に働く**ことが確認されました（53ページ図A）。

ただし、極端な例ですが、日々の勉強に対して毎回おもちゃをあげたりすることがあれば、アンダーマイニング効果を引き起こします。頻繁に「物で釣る」と、「物」の効力はどんどんと落ちていくのです。

一方で、**言葉によりほめることは、受け取る側にとっては立派な報酬になりま**

す。対象が子供であれ大人であり、適切な言葉によりほめることには、内発的動機づけを高める効果があります。

ただし、ほめる際には、一つ気をつけなければならないことがあります。基本的には、ほめ言葉は内発的動機づけを高めてくれます。**しかし、使わない方がよいほめ言葉もある**のです。最近の実験結果を紹介しましょう。54ページの研究07をみてください。

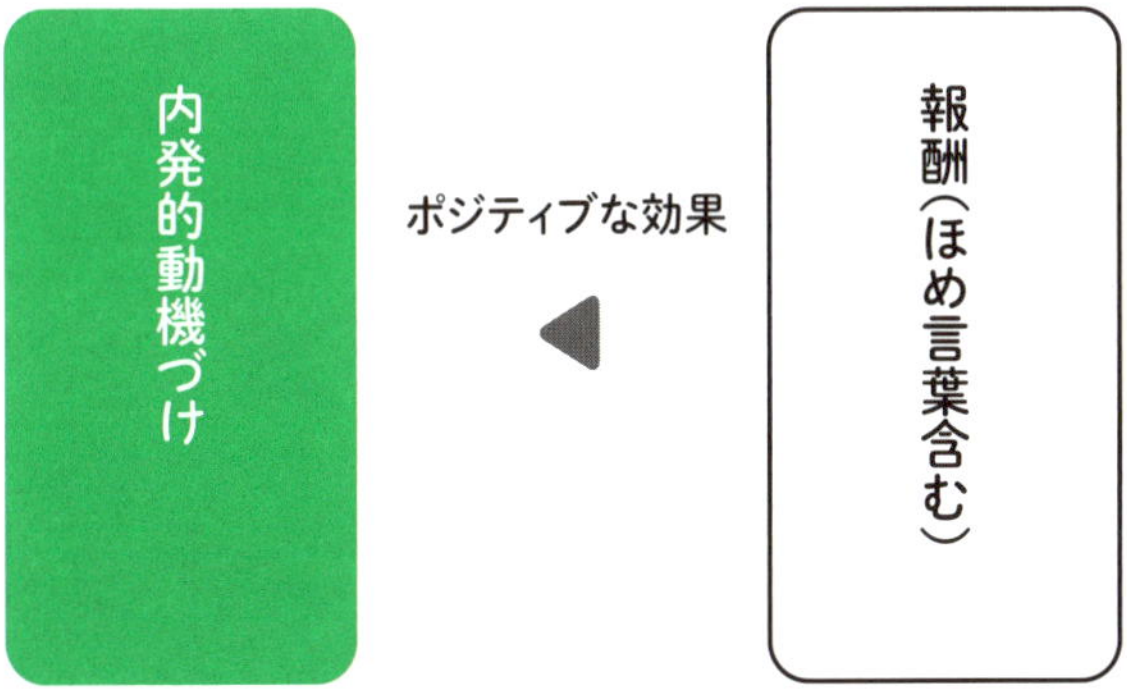

図A. 報酬と内発的動機づけの関係

参考文献: Eisenberger, R. & Cameron, J. (1996) Detrimental effects of reward. Reality or myth? American Psychologist, 51, 1153-1166.

研究

07

やる気を引き出すほめ言葉は？

方法

3歳〜5歳の子供たちに1人ずつ、隠したトランプカードの数当てをしてもらいます。

子供たちを3グループに分けます。子供たちが何回か数を当てた後、グループ1の子供たちを「キミはとても賢いんだね！」とほめます。

グループ2は「キミは今回はよくできたね！」とほめます。

グループ3には何も言いません。

その後、実験者はいったん部屋の外に

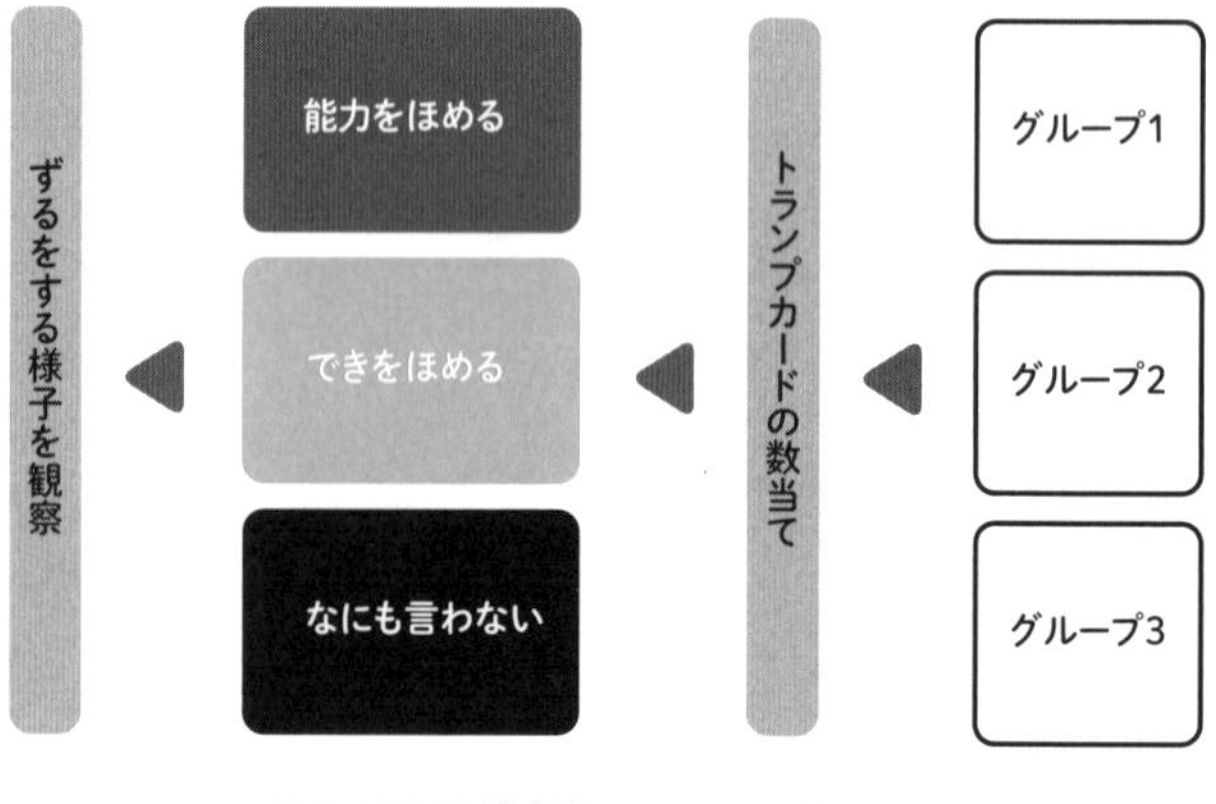

図1. 研究の手順

出て、子供たちがずるをする（つまり、次に出されるカードを盗み見る）機会を与えました。実験者は別の部屋からマジックミラー越しに子供たちの様子を観察しました。

結果

実験の結果、**グループ1**（「キミはとても賢いんだね！」と褒めたグループ）は他のグループと比較すると、より多くの子供たちがカードを盗み見ていました。

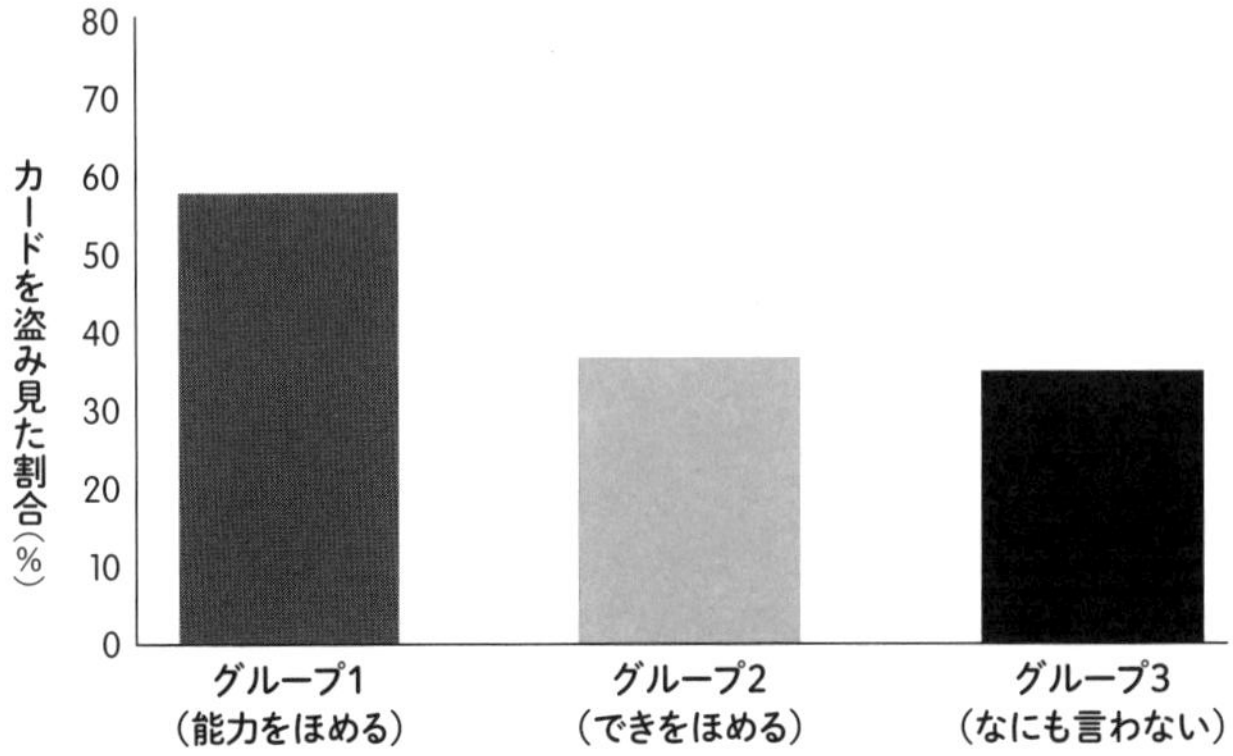

図2. ほめ方とずるをしてカードを盗み見た割合［Zaoら（2017）を改変］

参考文献: Zao, L. et al. (2017) Praising young children for being smart promotes cheating. Psychological Science, 28, 1868-1870.

能力ではなくパフォーマンスをほめる

グループ1へのほめ言葉は、その子供たちの**生まれつきの能力**を対象にしています。一方でグループ2へのほめ言葉は、その時の子供たちの**パフォーマンス（出来）やがんばり**に向けています。

この実験から、**能力そのものをほめるとネガティブな効果を生み出すことがわかります**。なぜでしょうか？

能力そのものをほめられると、そのほめ言葉に自分のパフォーマンス（出来）をマッチさせようとして、つじつま合わせをしてしまう傾向があるからです。

この実験では5歳までの子供が参加しましたが、実験対象が10歳であっても中学生でも、能力そのものへのほめ言葉はよい効果をおよぼさないことがわかっています。**生得的な能力**（**例えば賢さや知能の高さ**）**を誉められると、その評判をくずさないようにするために、難しいことにチャレンジする傾向が薄れ、簡単なことばかり選ぶようになる**のです。

なぜならば、難しい課題ができなければ、「賢くない」ことになってしまうからです。18ページや24ページで解説したように、知能も性格も成長とともに変わっていきます。

しかし賢さや知能をほめると、そうしたものは生涯変わらないものだと決めつけてしまうことも報告されています（下記、図B）。

一方で、**パフォーマンスやがんばり具合をほめると、もっと努力してみようという意欲につながります。**たとえ出来が悪かったとしても、「そうやってがんばっているのはえらい！」とほめてあげましょう。

	ほめ言葉のタイプ	およぼす影響
能力をほめるタイプ	「賢いんだね」 「生まれつき頭がいいんだね」	・難しいことへのチャレンジが減る ・やさしいことを選びたがる ・能力は変わらないと錯覚する
パフォーマンスをほめるタイプ	「今回はよくできたね」 「難しいのによくがんばったね」	内発的動機づけの高まり

図B. ほめ方とおよぼす影響

参考文献: Dweck, C. S. (2007) The perils and promises of praise. Educational Leadership, 65, 34-39.

漢字の勉強法

――視覚と聴覚で覚える

漢字を覚えることはとても難しいといえます。小学校で習う漢字の総数は1006字もありますが、2020年度からさらに20字増えます。漢字はその見かけがとても複雑です。常用漢字で最も画数が多い「鬱」は29画もあります。一文字が84画というモンスター級の漢字もあるそうです。さらにその読み方は、ひらがなやアルファベットと異なり一通りではありません。小学校で習う全漢字の読み方は2000通りを超えています。

漢字を自分で学習する時には、こうした漢字の特徴を頭に入れながら勉強すると効果的であることを示した実験を紹介しましょう。研究08をみてください。

研究

08

漢字の学習方法とテストの正答率

方法

中国で行われたこの実験には、8～12歳の小学生が参加しました。小学生たちは3通りの方法で、それまでに習っていない漢字の形と読み方を学習しました。その方法は次の通りです。

［方法1］漢字の形だけを思い出してみる。
［方法2］漢字の読み方だけを思い出してみる。
［方法3］漢字の形と読み方を同時に思い出してみる。

こうした学習が終わったあとで、漢字の書き取りテストが行われました。

結果

漢字の形と読み方、両方を同時に思い出すような方法3に取り組んだ場合に、

最も得点が高くなりました。漢字の形だけを思い出す方法1は2位、そして読み方だけを思い出す方法2は最下位になりました（図1）。

実験からわかったもう1つの大事な点は、漢字の学習にかかった時間です。**漢字1文字を覚えるのにかかった時間は、方法3（漢字の形と読み方、両方を同時に思い出す）が一番短かった**のです。方法1と方法2では、覚えるためにより長い時間が必要でした。

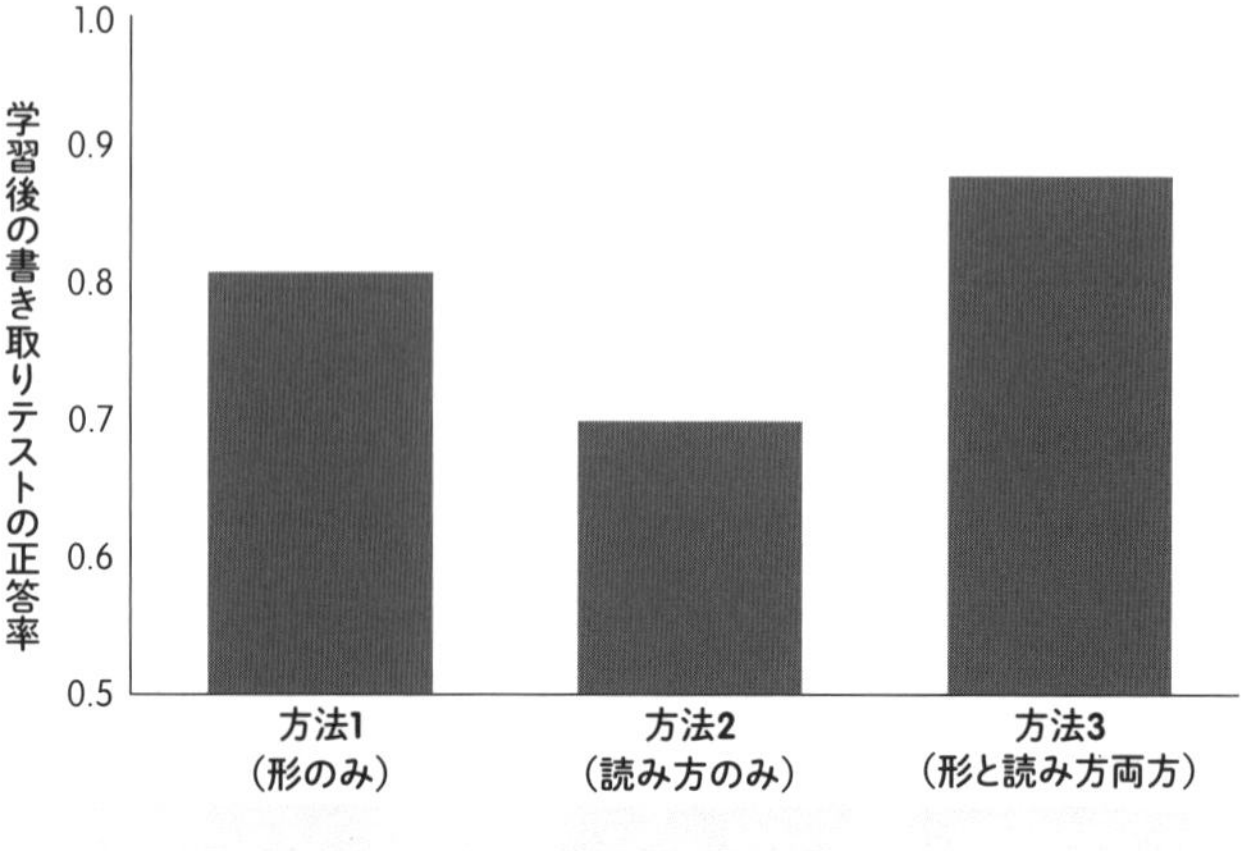

図1. 漢字学習の方法とテストの正答率［Tan & Liu (2018)を改変］

参考文献: Tan, Y. & Liu, X. (2018) Influence of grapheme and syllable learning on handwriting output of Chinese characters in children with dictation difficulties. Frontiers in Psychology, 9, 1671, 1-10.

漢字は音読しながら書く

漢字を学習する時には、その漢字を書いて形を覚えると同時にその読み方を学習すること、つまり**音読しながら書いてみるとよい**ことがわかりました。

この方法だと、より短い時間で、つまり、より少ない書き取り回数で覚えられる可能性が高くなります。これは、**脳の中で視覚の情報（漢字の形の情報）と聴覚の情報（読み方の情報）が結合されることにより、その漢字がしっかりと記憶に定着する**のだと考えられます。

学習する場所によっては、声を出しにくいこともあるでしょう。そうした時は、10回書くごとに1回読んでみるとか、心の中で読んでみるなど工夫してみましょう。小学校も高学年になると音読をしなくなる人もいるでしょうが、音読はやはり有効なのです。

英語の勉強法

——伝えるためには文法が大切

小学校では、2020年度から英語が必修化・教科化されることになり、子供に早くから英語を習わせたいという熱が高まっています。

英語の勉強を始める時期と英語のアクセントにはどのような関係があるのでしょうか。

出身は非英語圏でありながら、アメリカへの移住により、英語を日常的に使うようになった人たちの英語能力に関する調査を紹介しましょう。研究09をみてください。

研究

09

移住した年齢とアクセントの点数

方法

アメリカに移住し、8年以上たった人たち（240名）に、声を出して英語の文章を読んでもらいます。それを英語のネイティブスピーカーたちが聞き、どれほど自然なアクセントに聞こえるかを評価して、点数をつけます。

結果

5歳くらいまでに移住した人たちはネイティブスピーカーと遜色ないアクセントで英語を話すことができるようになりますが、**移住時の年齢が高くなるにつ**

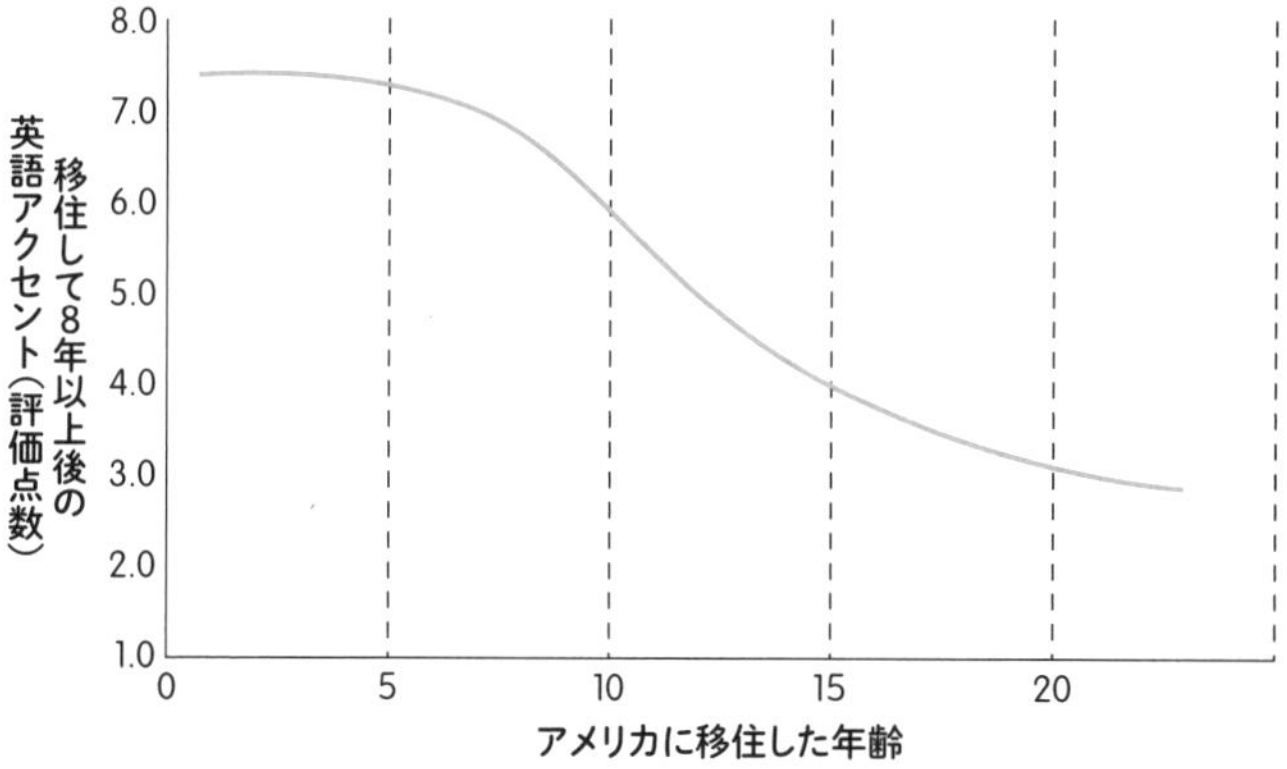

図1. 英語のアクセントと移住した年齢との関係［Flegeら(1999)を改変］

参考文献: Flege, J. E., Yeni-Komshian, G. H., & Liu, S. (1999) Age constraints on second-language acquisition. Journal of Memory and Language, 41, 78-104.

れて、ネイティブスピーカーには不自然に聞こえるようになることがわかりました（図1）。

その一方で、自然な英語を話すため必要な文法の知識に関するテストを行ったところ、**15歳くらいまでにアメリカに移住した人たちは、ネイティブスピーカーと同様の高い文法的能力を持っている**ことがわかりました。

アクセントよりも文法に時間を使う

完璧なアクセントを身につけるためには、幼少時から英語に囲まれた環境で訓練をする必要があります。一方で、**たとえ遅くから勉強を始めても、文法であれば十分な知識を身につけることができます**。そうした文法的な知識を持てば、多少アクセントが違っていたとしても、実用的に英語を使いこなせます。

私の場合、仕事をする上で英語を日常的に使います。英語で研究のためのディスカッションをし、英語で学会発表をし、そして英語で論文を書くといった具合です。アメリカへ留学していた時は、日常生活もすべて英語でした。こうした経験を通して感じているのは、**正確な文法を理解し、使えることが何より重要**だ、ということです。文法がわからないと正しい英文が書けませんし、相手に話を正しく伝えることができません。

外国生まれで日本語がペラペラのタレントさんたちがテレビで活躍していますね。その人たちの日本語アクセントを日本語のネイティブスピーカーが聞くと、何かすこし違うなと感じることがあるでしょう。研究09－図1のように点数をつければ、3～5点くらいになるのかもしれません。それでも聞いている私たちがとくに気にならないのは、彼らが話す日本語の文法が基本的に正しいからです。**文法が正しければ、アクセントが違って聞こえてもたいして気にならない**のです。英語では、文法の学習にできるだけ時間を使ってみましょう。

参考文献: Birdsong, D. (2018) Plasticity, variability, and age in second language acquisition and bilingualism. Frontiers in Psychology, 9, 81, 1-16.

2020年、必修化されるプログラミング教育とは？

――論理的思考を獲得するチャンス

2020年度から、小学校においてプログラミング教育が正式に導入されます。「プログラミング」という教科が増えるのではなく、算数や理科といった既存の教科においてプログラミング的な思考、つまり、自分が意図する一連の活動を実現するために、1つ1つの動きに対応した記号をどう組み合わせるかといったことを論理的に考えていく力を育む学習が取り込まれるというものです。

このプログラミング的思考とは、アプリケーションを作る過程において必要な能力そのものです。しかしプログラミング教育は、プログラマ養成講座ではなく、また特定のプログラミング言語に精通することを目的としているわけではありません。実際、パソコンやタブレットを使わないカリキュラムも用意される予定です。私の専門分野である実験心理学では、多くの場合実験をコンピュータにより制御します。しかしながら、自分が目指す実験ができるような既存のアプリケーションはまず存在しません。

そのため実験心理学者は普通、実験用アプリケーションを自作します。私は文学部出身ではありますが、大学生の頃からプログラミングにずいぶんと時間を使ってきました。学生時代はPASCALやC、今はMATLABやPYTHONといったプログラミング言語により実験用のプログラムを書いています。

数学など他教科にも好影響

大学生の時にプログラミングを始めて何より強く感じたことは、前よりも数学がよくわかるようになった、ということでした。数学は決して得意科目ではなく、大学入試では苦労してきました。プログラミングでは、数式を分解し、一つ一つ単純な記号として組み立てていきます。先に書いたプログラミング的思考、ですね。これを行うと、受験生時代には公式や問題の解き方を暗記してなんとか対応していた数学がすっきりと頭に入ってきたのです。

数学が苦手な人にとって、プログラミング学習はとても役に立つのです。小学校で導入されるプログラミング教育では、**ある教科内で行われたプログラミング的思考の学習が、その教科への理解をさらに深めるというフィードバックが期待されています**（下記、図A）。自分の経験からも、プログラミングの学習にはそうした効果はあると言えます。

子供がプログラミング的思考の学習を始める機会があれば、親もそれに合わせてプログラミングを経験することをおすすめし

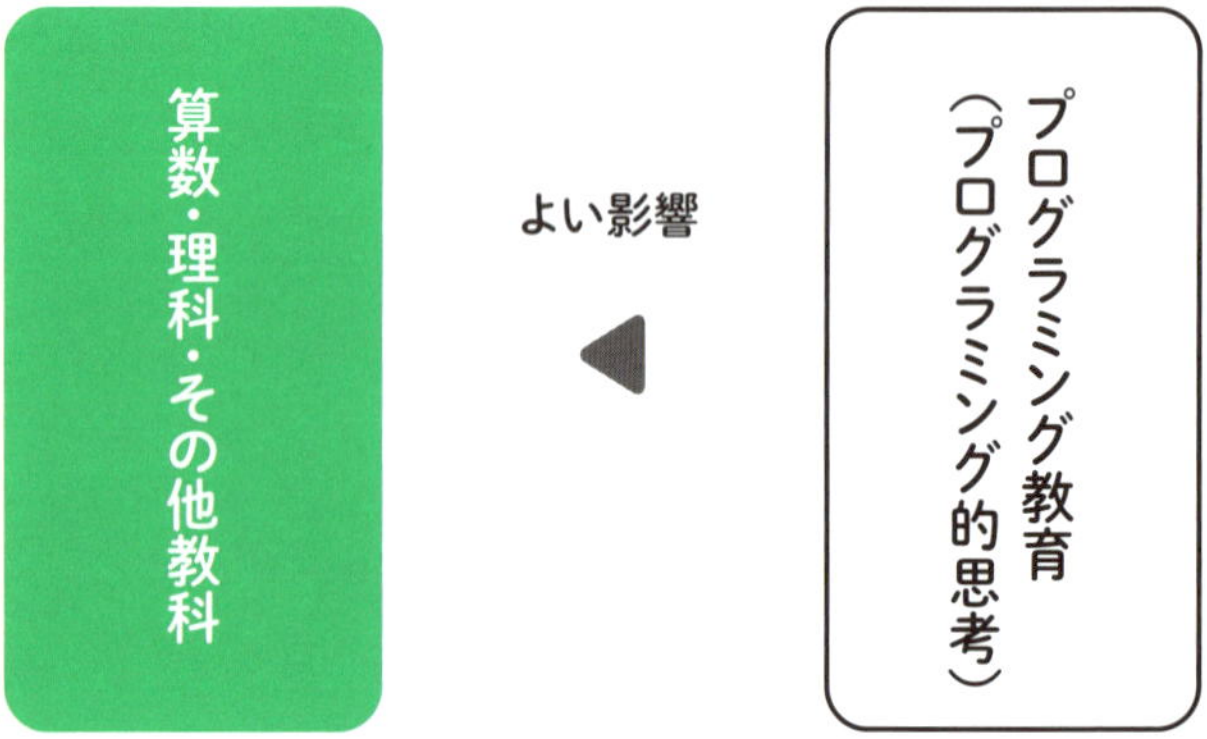

図A. プログラミング教育のフィードバック効果

ます。プログラミングというと、英語がズラズラと並んだテキストを想像される方もいるかもしれませんが、ビジュアル型のプログラミング言語であれば、マウスで「部品」を積み上げていくだけで、望みの動作をさせることができます。Scratch（スクラッチ）やViscuit（ビスケット）といったビジュアル型のプログラミング言語は小学校で使われ始めていますし、パソコンやタブレットがあれば誰でもすぐに使えます。

［参考アドレス］
文科省　http://www.mext.go.jp/a_menu/shotou/zyouhou/detail/1403162.htm
Scratch　https://scratch.mit.edu/
Viscuit　https://www.viscuit.com/

プログラミングは気持ちも変える

小学校で必修化されるプログラミング教育は、算数や理科のみならず、社会や家庭といった教科においても実施される計画です。

プログラミングの実践を通じて、そうした教科の理解度をさらに深めることができると期待されています。

先に記したように、とくに算数や理科が苦手な児童にとっては、プログラミングは大きな助けになる可能性があると考えます。私自身、もしプログラミングに先に触れていたら、高校の時、数学がもう少しは理解できたのではないかとすら想像しています。

プログラミング教育には他にも効用があります。それは、**工学に関連した分野を苦手だと感じる児童の気持ちを変えることができる**、というものです。研究10をみてみましょう。

研究

10 プログラミング学習が自己効力感を上げる？

方法

アメリカで行われたこの研究では、6歳の男女96名が実験に参加しました。96名を2グループに分けました。

一方のグループではプログラミングによりロボットを動かす学習をしました。学習時間は1人20分です。

もう一方のグループはこうした学習を行いませんでした。学習の後、双方のグループに「自分だったらどれくらい上手にロボットを動かせると思いますか？」という質問をしました。

結果

実験の結果、プログラミングの学習経験をしなかったグループでは、質問の答えに明確な男女差がありました。

男子は、(プログラミング学習は行っていないのですが) 自分にはできるはずだという思いが強くありましたが、女子にはそこまでの自信はありませんでした。

ところが、プログラミングの学習経験をしたグループでは、そうした男女の差はみられませんでした。

プログラミングを経験したグループは、男女どちらも、自分ならロボットをプログラミングして動かせるという自信を持っていました。

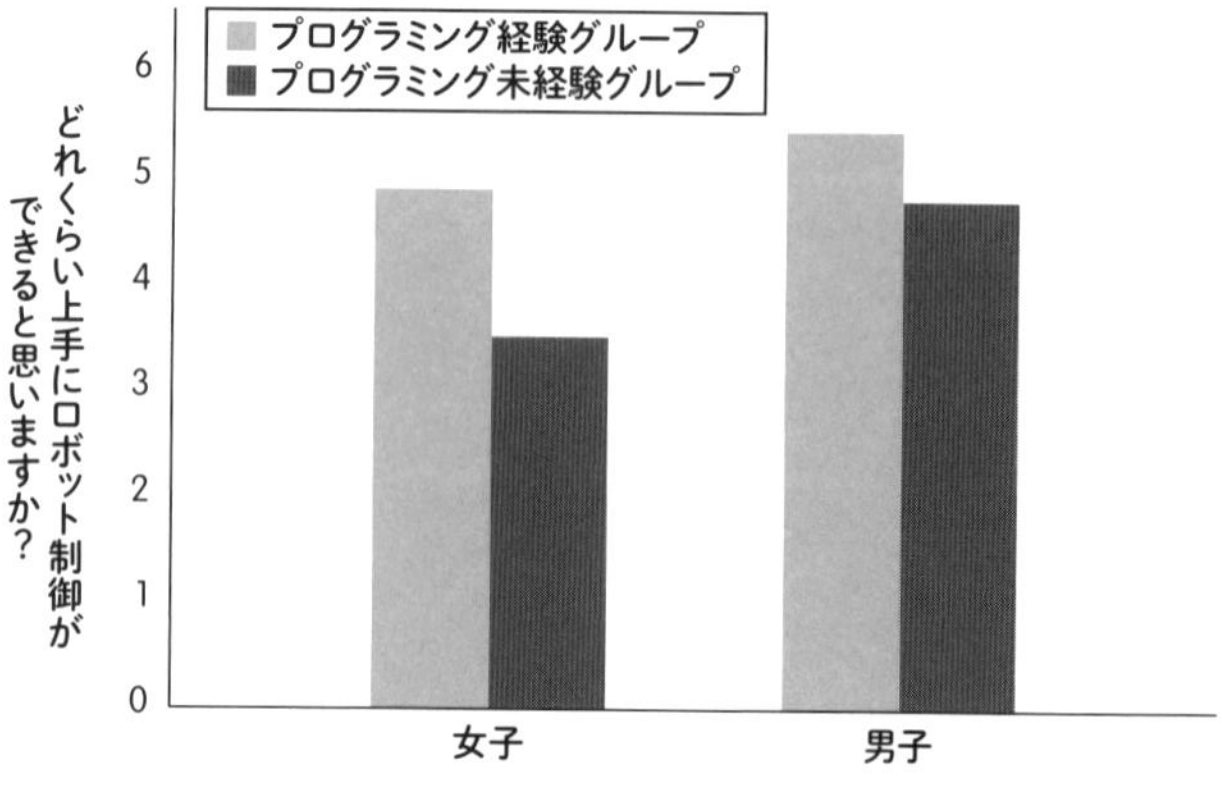

図1. プログラミング経験とロボット制御への自信［Masterら(2017)を改変］

参考文献: Master, A. et al. (2017) Programming experience promotes higher STEM motivation among first-grade girls. Journal of Experimental Child Psychology, 160, 92-106.

工学分野への自信が高まる

研究10の結果は、**プログラミングの学習を通して、工学的な題材への自己効力感、つまり「自分はできる」という信念や自信がついたということを意味しています。**アメリカでは、そしておそらく日本でも、工学（エンジニアリング）系の分野は苦手だと考えてしまう女子の割合は多くなっています。

研究10－図1から、そうした自己効力感の低下は小学1年生のころからすでにみられることがわかりますが、これはもちろん思い込みに過ぎないのです。プログラミング教育はそうした思い込みをなくし、自己効力感を高める効用があるのです。

こうした思い込みは、もしかしたらプログラミング未経験の親の方にもあるかもしれません。先に紹介したビジュアル型プログラミング言語を使ってみれば、親の側の思い込みも消せるでしょう。

セルフ・ハンディキャッピングの功罪

——なぜ勉強を先延ばししてしまうのか

勉強や課題に取り組まなければいけないのは自分でもわかっているものです。でもなぜか向き合う気が起きなくて、ついゲームやインターネットに熱中したり、遊びに出かけてしまったという経験をした人も多いでしょう。

試験直前になって、普段はあまりやっていなかったゲームのハイスコアに突然挑戦したくなり、夢中になってプレイしてしまった人だっているかもしれません（実は私がそうでした）。結果として、試験のための勉強はどんどん先延ばしされてしまいました。

さて、試験の場合いつ行われるかはあらかじめわかっているのですから、できるだけ早く勉強を始めればいいはずです。では、なぜ先延ばししてしまうのでしょうか？　単になまけているから、それともその科目が好きではないから？

実は先延ばしする人がなまけものだとは必ずしもいい切れないのです。**なまけているのではなくても、やらなくてはならないことをつい先のばししてしまうことがあります。そのようなときには、心理学の用語でいうセルフ・ハンディキャッピングが起きている**のかもしれません。

ハンディキャップはゴルフなどのスポーツ等で使われる場合、強い方に少し不利な条件を与えることによって、対戦者同士の実力を近くすることを意味します。将棋における駒落ちもハンディキャップの一種です。

セルフ・ハンディキャッピングとは、自分で自分にハンディキャップを与えることなのです。試験前に勉強に取り組まずにゲームに熱中してしまうのは、セルフ・ハンディキャッピングの典型的な例です。勉強をすべきときにゲームをすれば試験で不利になりますから、ハンディキャップを自分に与えていることになるわけです。

その人がセルフ・ハンディキャッピングをしてしまう傾向があるかどうかは、

専門的な質問によってわかります。

質問の例を下の図Aに書き出しましたので、子供と一緒に試してみてください。当てはまるものに○、当てはまらないものに×をつけてみましょう。

このとき、1～4の質問に○、5～6の質問に×をつけた場合は、セルフ・ハンディキャッピングをしてしまう傾向があるといえます。


なぜ人はセルフ・ハンディキャッピングをしてしまうのでしょうか？

その理由は、セルフ・ハンディキャッピングを行えば、試験の成績がすごく悪かったとき、こんな言い訳ができてしま

	質問	○ or ×	
1	失敗したら、周りのせいにしたくなる	○	×
2	ものごとはギリギリまで先にのばす	○	×
3	テストでは運が悪いことが多いと思う	○	×
4	今が楽しければよいと思う	○	×
5	どんなことでも、常にベストをつくす	○	×
6	テストの前には充分に用意をする	○	×

図A. セルフ・ハンディキャッピングチェックシート

参考文献: Urdan, T., & Midgley, C. (2001) Academic self-handicapping: What we know, what more there is to learn. Educational Psychology Review, 13, 115-138.

うからです。
「点数が悪かったのは、自分の頭が悪いせいではなくて、ゲームをやりすぎて勉強しなかったからなんだ……」。それに周りの人からも、「点数が悪かったのは、頭が悪いからではなくて、今回は試験前に遊んでしまったからだよね」と言ってもらえるかもしれません。

自分の頭が悪いから悪い結果になったのだと思いたくない、そんな気持ちを持ちたがる人がセルフ・ハンディキャッピングによって勉強の先のばしをしてしまうことが多いのです。このように、たとえなまけていなくても勉強を先のばししてしまうことがあるのです。自分の持っている気持ちが先のばしをさせてしまう、ということです。

では、セルフ・ハンディキャッピングをしがちな人は、試験の成績は悪くなってしまうのでしょうか？　アメリカやヨーロッパで行われた調査（78ページの研究11）をみてみましょう。

研究

11

セルフ・ハンディキャッピングで成績は下がる？

方法

セルフ・ハンディキャッピングをしてしまう傾向（76ページの図Aを参照してください）と成績との関係をいろいろな学年で調べました。

結果

小学生や中学生の方が、高校生や大学生よりも、セルフ・ハンディキャッピングをすると学校での試験の成績が下がることがわかりました（図1）。

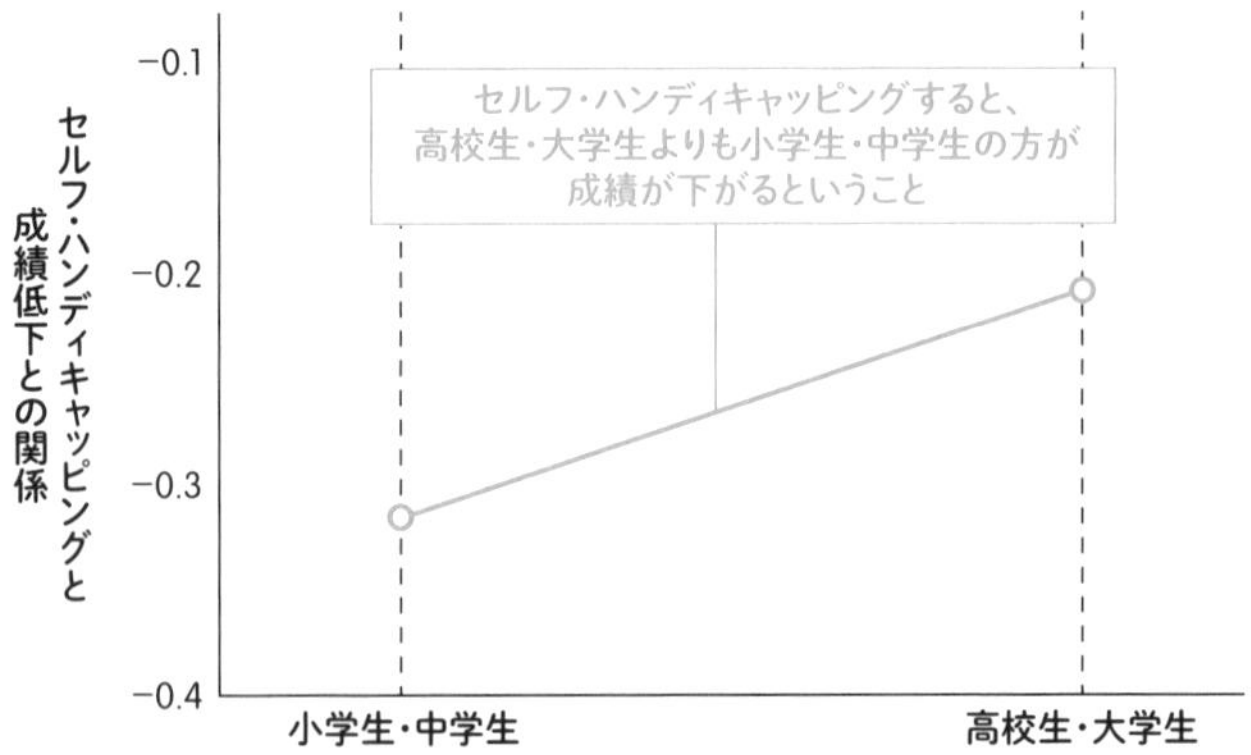

図1. セルフ・ハンディキャッピングと成績の関係 [Schwingerら(2014)を改変]

参考文献: Schwinger, M., Wirthwein, L., Lemmer, G., & Steinmayr, R. (2014) Academic self-handicapping and achievement: A meta-analysis. Journal of Educational Psychology, 106, 744-761.

テストは〝能力を測るもの〟と考えない

研究11－図1から、小学生や中学生の方が高校生や大学生よりも、セルフ・ハンディキャッピングをすると試験の成績が悪くなってしまうことがわかります。

では、どうしたらセルフ・ハンディキャッピングをしないですむようになるでしょうか。それには、考え方をちょっと変えてみましょう。**セルフ・ハンディキャッピングをしがちな人は、テスト結果はその人の能力**（例えば頭のよさ）**を表していると考えてしまっている**ことが多いのです。一方で**セルフ・ハンディキャッピングをしない人は、テスト結果はその人の努力**（どれくらい勉強したか）**を表していると考えています**。結果が悪くても、次に努力をすればよいのだ、と考えます。

もしテスト前に勉強する気がなくなりそうになったら、テストはその人が生まれつき持っている能力を測るものではなく、努力次第でなんとかなるものなのだ、と考えればいいのです。

マルチタスキングは有能な証か？

──複数同時作業と集中力の関係

勉強しているときに歌をうたったり、ついゲーム機を手に取ってしまったり、あるいは連絡がきていないにもかかわらずスマートフォンや携帯電話の画面を確認したり……。

このように、**何かをしているときにそれとは別のことをすることを「マルチタスキング」と呼びます。** マルチは「複数の」、タスキングは「仕事をする」という意味です。最近の調査によると若い人ほどマルチタスキングする傾向が強く、特に回数が多い人だと、なんと2分に1回は別のことに手を出してしまうとのことです。

「勉強しているときはゲームやテレビ、パソコン、スマートフォンから離れなさい」と子供に言った経験がある人も多いでしょう。でも実際に、マルチタスキングには悪い影響があるのでしょうか？

例えば、「1時間勉強している」という状況を想像してみましょう。勉強しているのは、2分に1回、スマートフォンの画面を点灯させてしまうというマルチタスキングが頻繁な人です。メッセージが来ているかどうか画面をチラッと確認するだけで、その他の操作は一切しないとしましょう。

このときにかかる時間が1回で2秒だとすると、マルチタスキングをする人の全勉強時間は59分になります。マルチタスキングをまったくしない人の勉強時間はもちろん60分です。

2人の勉強時間にはたった1分しか違いがありませんね。ということは、勉強しながら2分に1回スマートフォンを確認しても、勉強の成果には何の影響もないということでしょうか？

マルチタスキングで集中力が下がる

マルチタスキングをしても特に悪いことはないし、そもそもスマートフォンやゲームは今や日常的なものであるから、どんどんマルチタスキングしてかまわない、と考えている人も多いのです。

さらには、マルチタスキングができる人、つまり同時にいろいろなことができる人の方が有能だ、とさえ考える人もいます。

実はこうした考え方が正しくないことを発見した、有名な研究を紹介しましょう。研究12をみてください。

アメリカで行われたこの研究では、マルチタスキングを頻繁にする学生たち(例えば2分に1回、別のことに手を出してしまう人たち)とマルチタスキングをほとんどしない学生たちの双方に実験に参加してもらいました。実験では、すばやく判断できる能力や記憶をする能力といった認識能力を調べました。

研究

12

マルチタスキングと集中力の関係

方法

普段マルチタスキングする学生としない学生の双方が実験に参加し、判断能力や記憶能力を測定しました。

結果

マルチタスキングをよくする学生は、関係のないことや記憶に気を取られ、難しいワーキングメモリー（178ページで解説）課題の誤警報率（正解はないのにあると答えてしまう率）が上昇していました。つまり、**記憶力や集中力が低下している**ことがわかりました。

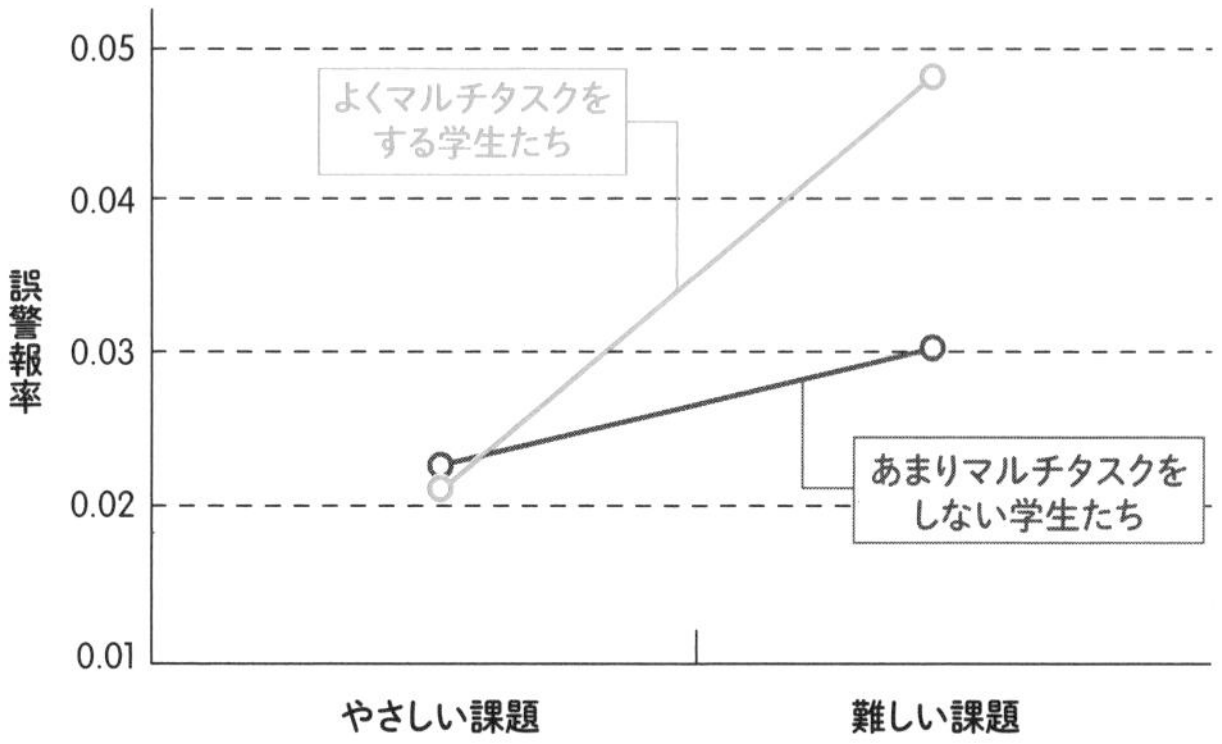

図1. マルチタスキングの頻度と記憶能力との関係［Ophirら (2009)を改変］

参考文献: Ophir, E., Nass, C., & Wagner, A. D. (2009) Cognitive control in media multitaskers. Proceedings of the National Academy of Sciences USA, 106, 15583-15587.

大事なことから注意がそれてしまう

研究12の結果では、マルチタスキングをよくしている人はマルチタスキングをしない人と比べると、認識能力が弱くなっていることがわかりました。

例えば、マルチタスキングをよくする人は、関係のないものに気をとられすぎたり、あるいは関係のないことがらを記憶からしめ出したりすることができなくなっていたのです。つまり、**マルチタスキングをし続けた結果、その時点で一番大事なことに集中する能力が落ちていた**のです。この研究から、**マルチタスキングはできるだけしないようにした方がよい**ことがわかります。

マルチタスキングと成績の関係

では、集中する能力が落ちていると、実際に学校の成績も悪くなってしまうのでしょうか?

アメリカで行われた調査から、まさにそうした傾向があることがわかりました。

この調査（研究13）では、中学生、高校生、大学生が家や図書館などで1人で勉強（自習）している様子を15分間観察しました。学生は手元に自分のパソコンやスマートフォンを置き、必要であればそれを使うことができました。すると多くの学生が、平均して5分に1回はパソコンやスマートフォンを使って勉強以外のことをする、つまりマルチタスキングをしてしまうことがわかりました。

研究

13

SNSと学校の成績

方法

計265名の学生（中学生～大学生）が1人で勉強している様子を15分間観察し、その様子を記録しました。

結果

15分間のうち平均5分間は勉強以外のことをしていました。その5分間に**SNSを使っていた学生は、学業成績が低くなる傾向にあることがわかりました。**

参考文献: Rosen, L. D. et al. (2013) Facebook and texting made me do it: Media-induced task-switching while studying. Computers in Human Behavior, 29, 948-958.

SNSを勉強の合間にしない

この調査では、自分の勉強の様子を他者に観察されているのはわかっているのですが、そんな場合であってもマルチタスキングしてしまうのです。一度マルチタスキングのクセがつくと、これをやめるのは難しいのです。

勉強している途中のマルチタスキング時にパソコンやスマートフォンで何をしているのか、その内容と学校での成績との関係を調べました。研究13の結果、たった1つの内容が学校での成績と関係していることがわかりました。それは、SNS（ソーシャル・ネットワーキング・サービス）です。

マルチタスキング時にSNSをしている学生の成績は、それをしていない学生の成績と比べると低くなる傾向にありました。その他の行為、例えばウェブで勉強とは関係ないものを見てしまうとか、あるいは音楽を聴くといった行動は成績の低下には結びついていませんでした。

中学生や高校生になれば、SNSで友達などといろいろなやりとりをしているでしょう。SNSをすること自体が悪いわけではないのですが、勉強の合間についSNSを使ってしまうことがクセになってしまうと、それは成績に悪い影響を及ぼすのです。

人間の脳は複数作業が苦手

ではなぜ成績が下がってしまうのでしょうか？

その理由の1つは、人間は同時に2つのことができない脳を持っているからです。**同時に2つのことをすると、脳の中でそれらが互いに影響し合ってしまい、よい結果にはならない**のです。

特に、勉強とSNSはまったく違う作業でもなければ、ものすごくよく似ている作業というわけでもありません。

友達が書いたメッセージを読んだり、あるいは自分で何か書き込んだりといった作業は、勉強で行っている作業と似ています。勉強だって問題を読んだり答えを書いたりしていますから。しかし、その内容はかなり違いますよね。こうした場合には、残念ながら、脳内で勉強とＳＮＳの作業を都合よく振り分けることができないのです。

また、このような状況では、難しい課題の方（勉強とＳＮＳであれば、勉強の方）に悪い影響があらわれることがわかっています。

そしてもう１つの理由は、ＳＮＳには「どうしてもやりたくなるような力」、「使っているとそれにのめり込んでしまうような力」があるということです。そのために、勉強より優先したくなってしまうのです。

第2章

実践的な勉強法

テクニック編

勉強はやみくもにしすぎてもダメ

――集中学習の限界

私たちは、日々新しいことを学んで覚えています。これを「学習」といいます。学校でのテストや入学試験、語学試験や資格試験などでは、みなさんがどれくらい学習できたか、それを調べています。テストでよい点数をとるためには、学習した内容を記憶していなければなりません。

そもそも学習や記憶とは何でしょうか？　授業で一度聞いただけでは覚えられないのはどうしてでしょう。覚えるためには復習が重要ですね。復習しているとき、頭の中では何が起きているのでしょうか。せっかく覚えても、しばらくたつと忘れてしまいます。どうすれば忘れないですむでしょうか。

学習の理論からいえば、忘れないためには、何より復習が重要です。では、学習したらすぐに復習した方がよいのでしょうか？　実は、**すぐに復習すると勉強しすぎたことになり、結果として効果がなくなってしまう**のです。

これはどういうことでしょう。「勉強しなさすぎる」ことはあっても、「勉強しすぎる」ことなんてあるでしょうか？

実は、子供たちが手にしている学習教材には、「勉強しすぎる」ように作られているものが多いのです。練習問題を順番に最初から最後まで全部解いた場合、「勉強しすぎた」ことになる場合があるので注意が必要です。

「勉強しすぎること」の正体は、専門用語でいう「集中学習」です。

ある学習課題を**十分に理解できたすぐあとに、同じか、あるいはよく似た課題の学習を続けて行うことを「集中学習」と呼びます**。似たような練習問題を何回も繰り返して行うドリルは、わざと集中学習させるように作られています。学習したことをしっかりと記憶しておくためには「集中学習」が有効である、と昔からいわれているからです。ところが2005年に行われた心理学の実験から、この**「集中学習」には限界がある**ことがわかりました。92ページの研究14をみてください。

研究 14
集中学習は長く記憶するために有効か？

方法 集中学習するグループ（図1の上段）の実験参加者は、ある課題を行って理解したあと、続けて同じ内容の学習を行いました。**「さらに学習」という部分が集中学習です。**

集中学習するグループは、集中学習しないグループ（図1の下段）の4倍の練習問題をこなしました。学習課題は、外

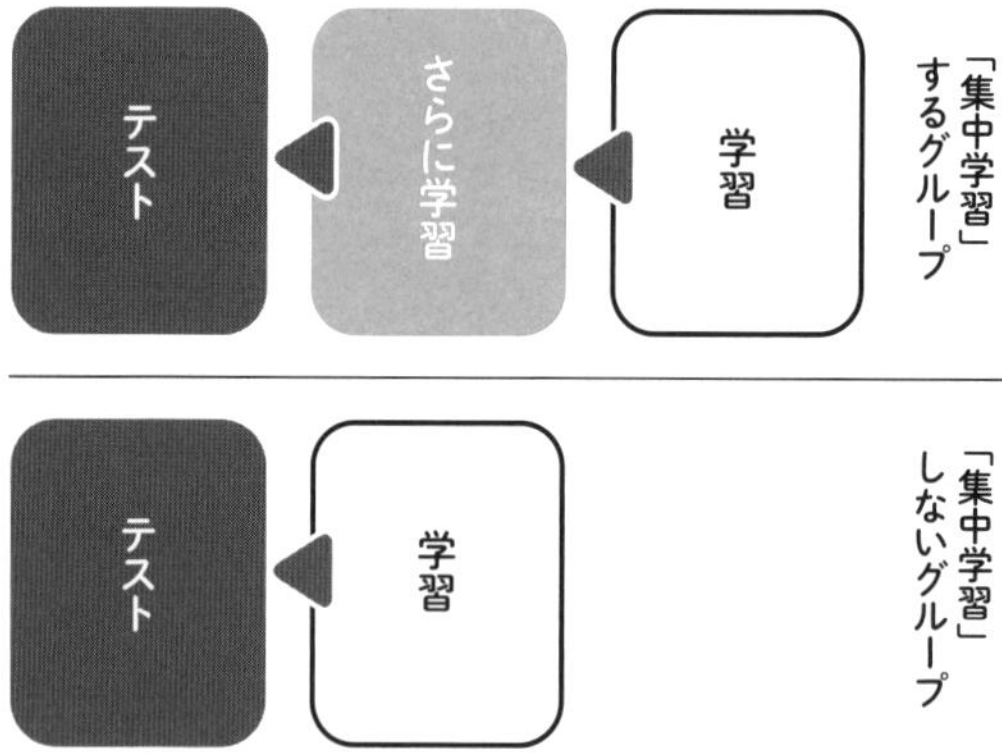

図1. 研究の手順

国の都市名と国名を結びつけて覚えることや、単語とその意味の組み合わせを覚えることです。例えば、プネー（都市名）ーインド（国名）、タララ（都市名）ーペルー（国名）といった組み合わせを覚えました。たくさんの組み合わせを覚えなければいけないため、やさしい課題ではありません。

学習後に1週間あるいは3週間の間隔をあけて、両グループに対してどれくらい覚えているかを調べるテストをしました。実験参加者は130名の大学生です。

結果

図2の縦軸はテストの正答率、横軸は学習とテストとの間隔です。間隔が1

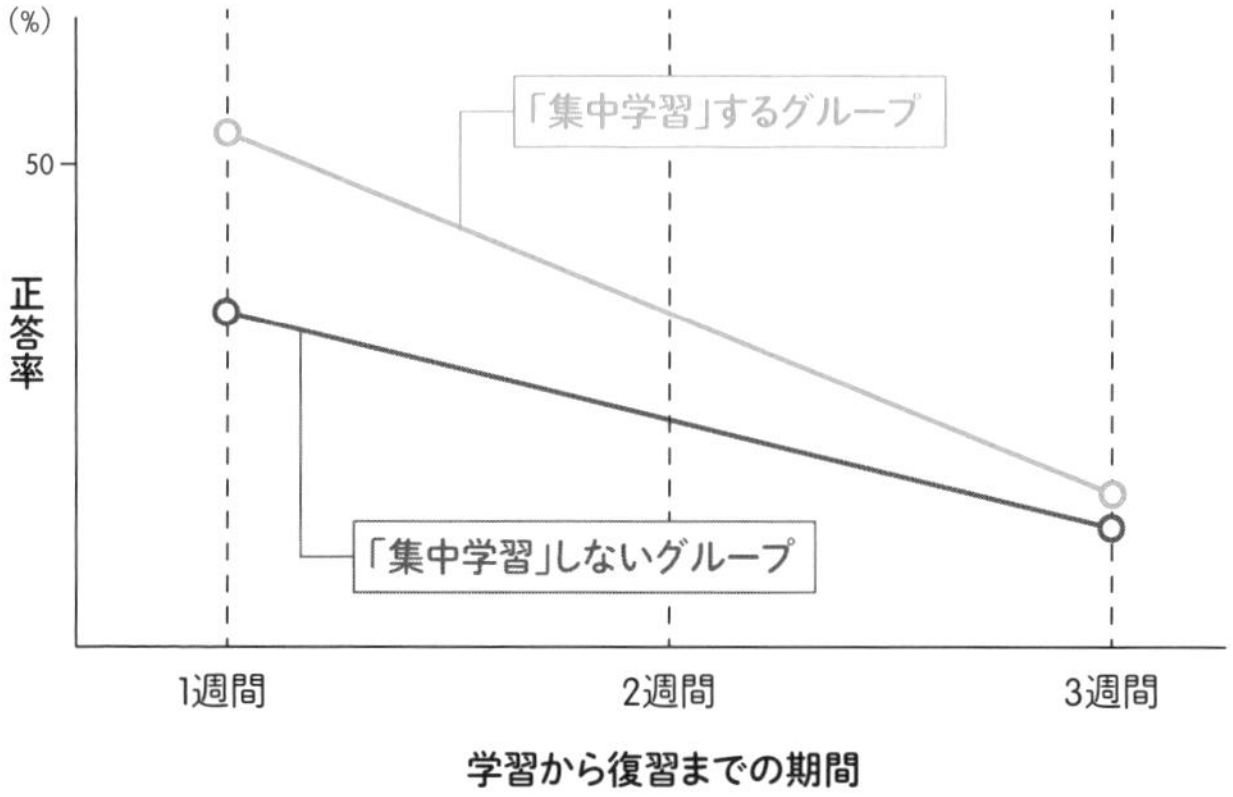

図2. 学習法による正答率の違い［Rohrerら（2005）を改変］

参考文献: Rohrer, D., Taylor, K., Pashler, H., Wixted, J.T., & Cepeda, N.J. (2005) The effect of overlearning on long-term retention. Applied Cognitive Psychology, 19, 361-374.

週間の場合は、集中学習の効果がはっきりと表れました。ところが**3週間後にテストを行った場合、集中学習したグループと、集中学習していないグループとの間で得点の差はありませんでした。**つまり、**長く覚えておくためには、集中学習は有効ではないことがわかりました。**

集中学習は効果が消えやすい

研究14では、集中学習をするグループは、集中学習をしないグループより4倍も多く練習問題を解きました。その努力の結果は、1週間後のテストにはっきりと表れました。研究14－図2を見ると、成績が明らかによくなっています。ところが3週間後にテストを行ったところ、なんと集中学習の効果はきれいに消えてしまったのです。この結果から、**集中学習したグループの方が忘れる速度が速い**ともいえます。**受験勉強のように長い間記憶することが重要な場合、集中学習は効果的ではない**ようです。

ちなみにこの実験では、外国の都市名を覚えるといった暗記課題を行いました。では全然違う種類の問題、例えば数学の問題を解く場合にも同じ結論になるでしょうか？　２００６年に同じ研究グループが行った実験から、**数学の問題を解く場合にも集中学習に限界があることがわかりました。**

さて、集中学習が有効でないとしても、集中学習しない時間を何もせずに過ごしてしまってよいでしょうか？

そうではありません。92ページの研究14-図2をよく見てください。注意してほしいのは、3週間後のテストの点数はどちらのグループも決してよくない、という点です。つまり、集中学習とは違う方法で復習した方がよい、ということになります。

もっとも効果的な方法が実験からわかっています。それは「分散学習」です。分散学習とは、最初に学習した内容について、間隔をあけて復習を繰り返すという学習方法です。次項で説明しましょう。

参考文献: Rohrer, D., & Taylor, K. (2006) The effects of overlearning and distributed practice on the retention of mathematics knowledge. Applied Cognitive Psychology, 20, 1209-1224.

学びの切り札（その1）“分散効果”

――復習のタイミングと1対4の法則

前の項で紹介した「集中学習」とは、学習したことをすぐに復習するという勉強方法です。もし今日習ったことについて明日テストがあるのなら、このような方法はとても効果的でしょう。

では、テストまでまだ時間がある場合はどのように復習したらよいでしょうか？　また、入学試験や語学試験のように、復習しなければならない範囲がとても広い場合はどのようにしたらよいでしょうか？　テスト直前にすべての範囲を復習することは不可能ですから、復習のための計画を立てる必要があります。

効率的に復習をするためには、どのような計画を組めばよいでしょうか？　こんな問題に取り組んだ心理学実験を紹介しましょう。研究15をみてください。アメリカの研究グループにより２００８年に発表されたものです。

研究 15

復習をするベストなタイミングはいつ？

方法

実験参加者は、歴史的な事実を覚える学習（全32問）に取り組みました。学習後しばらくしてから復習をしました。「**学習から復習までの時間**」を「**間隔1**」と呼びます。

復習では、全く同じ問題を学習しました。復習後、しばらくたってから、どれくらい覚えているかをテストしました。この「**復習からテストまでの時間**」を「**間隔2**」と呼び、7日と35日の2通りとしました。間隔1と間隔2の長さによって、

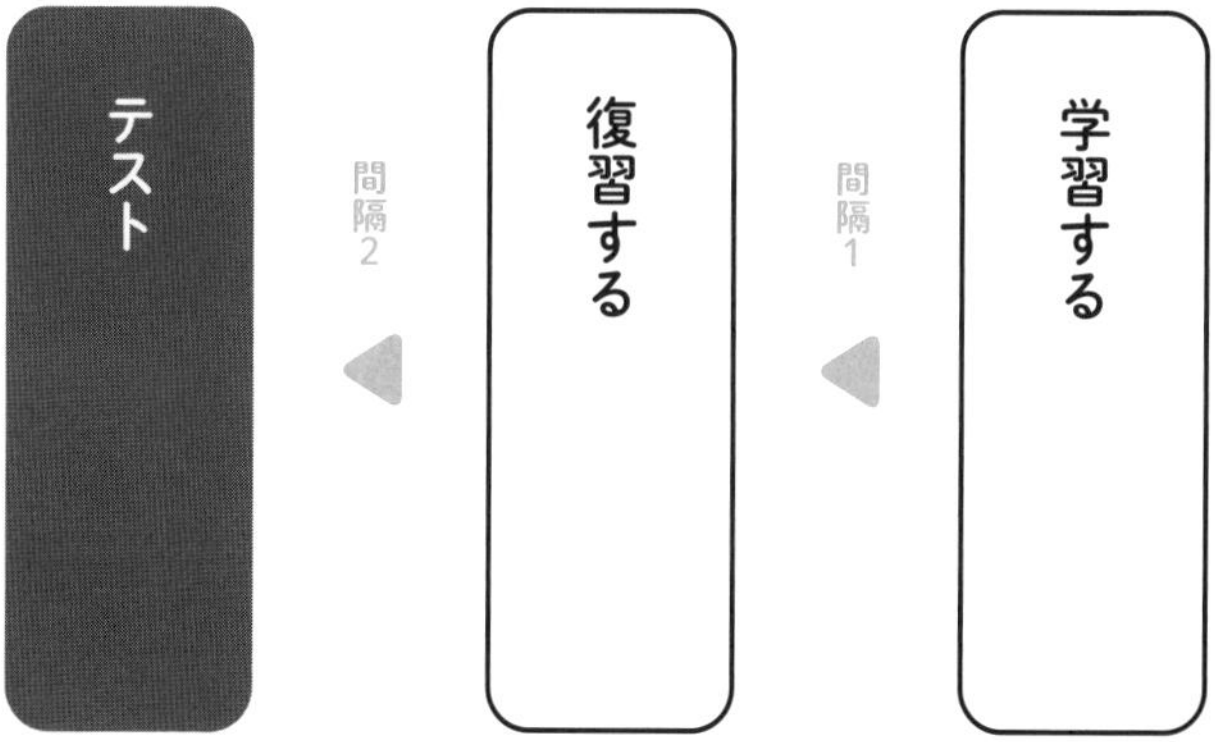

図1. 研究の手順

参加者をいくつかのグループに分けました。いろいろな国から、総勢1354名がインターネットを通して実験に参加しました。

結果

図2の横軸は、「学習から復習までの時間」の「間隔1」で、縦軸はテストの得点です。そして、「復習からテストまでの日数」である「間隔2」が「7日」と「35日」の2つのグループの得点をグラフに表しています。

「間隔2」が7日のグループは、復習を数日以内にすると得点が高いことがわかりました。**「間隔2」が35日のグループは、復習をおよそ10日後に行うと得点が高い**

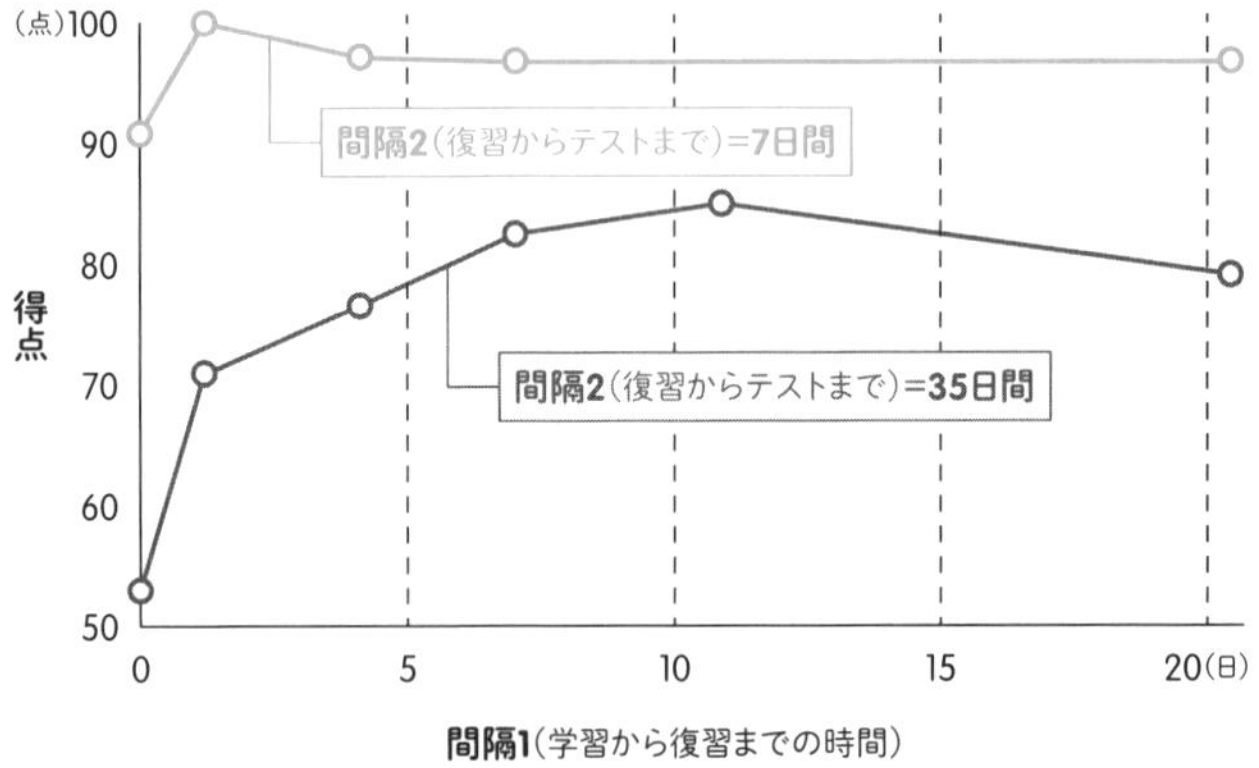

図2. 復習からテストまでの間隔とテスト得点との関係［Cepedaら（2008）を改変］

参考文献：Cepeda, N. J., Vul, E., Rohrer, D., Wixted, J. T. & Pashler, H. P. (2008) Spacing effects in learning: A temporal ridgeline of optimal retention. Psychological Science, 19 (11), 1095-1102.

ことがわかりました。また、「間隔1」が「0日」のとき、つまり**学習後にすぐ復習を行う「集中学習」は、どちらのグループでも最も効果がありませんでした。**

復習タイミング〝1対4の法則〟

テストの得点が一番高くなる、ベストな復習のタイミング（間隔1）はいつでしょうか？　その答えは、よい得点が得られる「間隔1」と「間隔2」は互いに関連し合っている、ということです。

つまり、復習とテストとのタイミング（間隔2）が変われば、学習と復習とのタイミング（間隔1）も変わります。研究15−図2から、**間隔1と間隔2の割合をおおむね1対4程度にするとよい**ことがわかります。

このグラフからもう1つ重要なことが読み取れます。それは、**たとえ最適なタイミングを逃したとしても、復習の効果はとても大きい**ということです。「復習からテストまでの時間」、つまり「間隔2」が35日のグループを見ると、学習から約10日後の復習が最も効果的です。しかし、そのタイミングを逃して、たとえ20日後に復習してもそれなりに高い点数がとれるのです。このように、**時間をあけて学習することを「分散学習」**と呼びます。**分散学習によってもたらされる効果、すなわち「分散効果」はとても強力**なのです。

復習は等間隔に繰り返す

それでは、試験までに何回も復習する機会がある場合、どのようなタイミングで復習を行えばよいでしょうか？　以前は、「復習は、均等な間隔で行うよりも、徐々に間隔を延ばしていく方が効果的だ」と考えられてきました。というのも、内容の理解や記憶が曖昧なときは頻繁に復習し、理解度が高まってきたら復習の間隔をあければよいという考え方が直感に合っていたからです。

しかし、２００７年の実験では、**「徐々に復習の間隔を延ばす復習法がよい」というこれまでの考え方が必ずしも正しくない**ことを明らかにしています。研究16をみてみましょう。

研究
16 復習間隔は均等に？　それとも徐々にのばす？

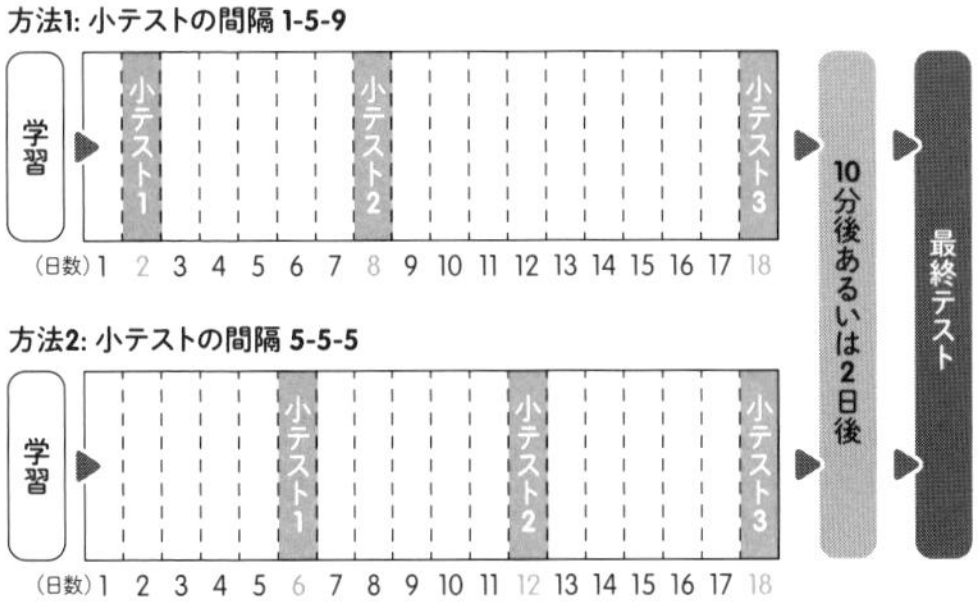

図1. 研究の手順

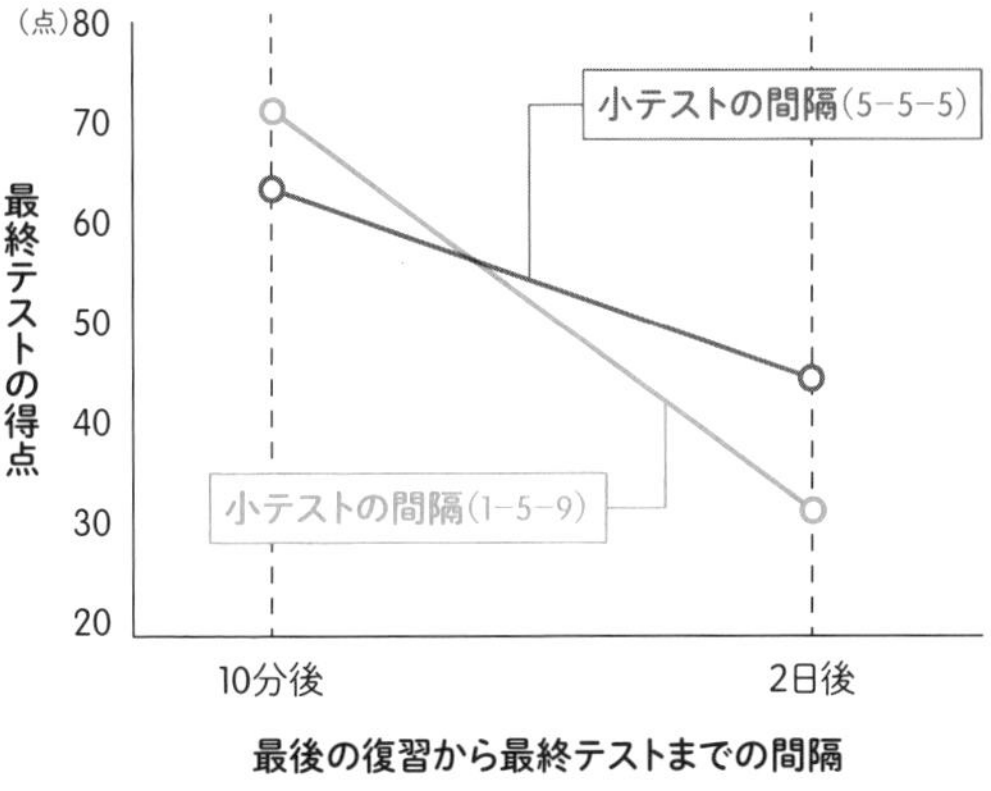

図2. 小テストの間隔別にみた最終テストの得点 [Karpickeら (2007)を改変]

参考文献: Karpicke, J. D. & Roediger III, H. L. (2007) Expanding retrieval practice promotes short-term retention, but equally spaced retrieval enhances long-term retention. Journal of Experimental Psychology: Learning, Memory, and Cognition, 33, 4, 704-719.

方法 実験参加者は、単語を覚える学習を行いました。その後、間隔をあけながら、復習のための小テストを3回行いました。

3回目の小テストの10分後、あるいは2日後に最終テストが行われました。復習の間隔は1－1－5－9（徐々に延ばす）、あるいは5－5－5（均等）としました。数字は日数を表します。

結果 最後の復習（小テスト3）と最終テストの間が2日の場合、**「復習の間隔を延ばす方法（1－1－5－9）」よりも「均等に復習する方法（5－5－5）」の方が最終テストの点数が高くなることがわかりました。**

均等間隔の復習で長く記憶できる

研究16－図2を見ていきましょう。復習の間隔を徐々に延ばすのと均等にするのではどちらがよいか、それを比較しています。ポイントは、最後の復習（＝小テスト3）から最終テストまでの間隔を変えたことです。最終テストまでの時間が短いとき（10分）は、「徐々に間隔を延ばす方法」の方が効果的でした。ところが、最終テストを2日後に行ったところ、「復習の間隔を均等にする方法」の方がより効果的、つまり最終テストで高い点をとれることがわかったのです。**「徐々に間隔を延ばす復習方法よりも、均等な間隔で復習する方が、長い間覚えていられる」**、これが結論です。

なぜ均等に復習する方がよいのでしょうか？

実は、最初の復習のタイミングがカギだったのです。学習から最初の復習（小テスト1）までの期間を見ると、「復習を均等にする方法」の方が「徐々に間隔を延ばす方法」よりも長くなっています。

学習後すぐに復習する集中学習は直近のテストには効果があっても、入学試験や資格試験のような、かなり先に行われるようなテストには効果がありません。**「徐々に間隔を延ばす方法」は、集中学習を行っていたために、最終テストまでの時間がのびたときに効果が弱まってしまった**、というわけなのです。

すぐ復習したほうがいい場合もある

――集中学習と分散学習の選択方法

前ページまでにすすめた「分散学習」に対して、学習直後に復習を行う学習方法を「集中学習」と呼びます。実は、**集中学習がちゃんと役に立つ場合もある**のです。それは、勉強した内容をまだ十分に理解していない、あるいはしっかり覚えていないと感じたとき。こんなときは、学習後すぐに復習すべきです。

もちろん集中学習してちゃんと理解したとしても、テストまで何もしなければすっかり忘れてしまうでしょう。ですから、分散学習による復習は当然必要です。

ここまでの話をまとめると、**よくわかっていないと感じられる内容の集中学習をまず行い、そしてそのあとに、すでによく理解している内容や集中学習が終了した内容の分散学習を行うのがよい**、ということになります。

しかしここで、どの内容に対して集中学習を行い、どの内容を分散学習すればよいのでしょうか？　誰がそれを決めるのでしょうか？　自分の直感で決めてしまってよいのでしょうか？

こんな疑問に取り組んだ最新の実験を紹介しましょう。

106ページの研究17をみてみましょう。実験参加者（大学生）は難しい単語のスペリングを記憶する学習を行いました。その後、各単語について、集中学習（すぐに復習）するか、あるいは分散学習（しばらくたってから復習）するかを自分で選びました。

しかしこの研究では、ある単語群については自分の選択通りの方法で復習することができましたが、別の単語群では自分の選択とは別の方法で復習しなければなりませんでした。

研究

17

集中学習と分散学習の適切な選び方

方法

実験参加者（31名の大学生）は、難しい単語（60語）を記憶する学習に取り組みました。各単語を学習したあとに、集中学習により復習するか、あるいは分散学習により復習するかを各単語について選びました。

集中学習ではその単語をすぐに復習し、分散学習ではその単語を復習リストの最後に回します。

この実験では、3分の2の単語は実験参加者の希望通りの方法で復習できまし

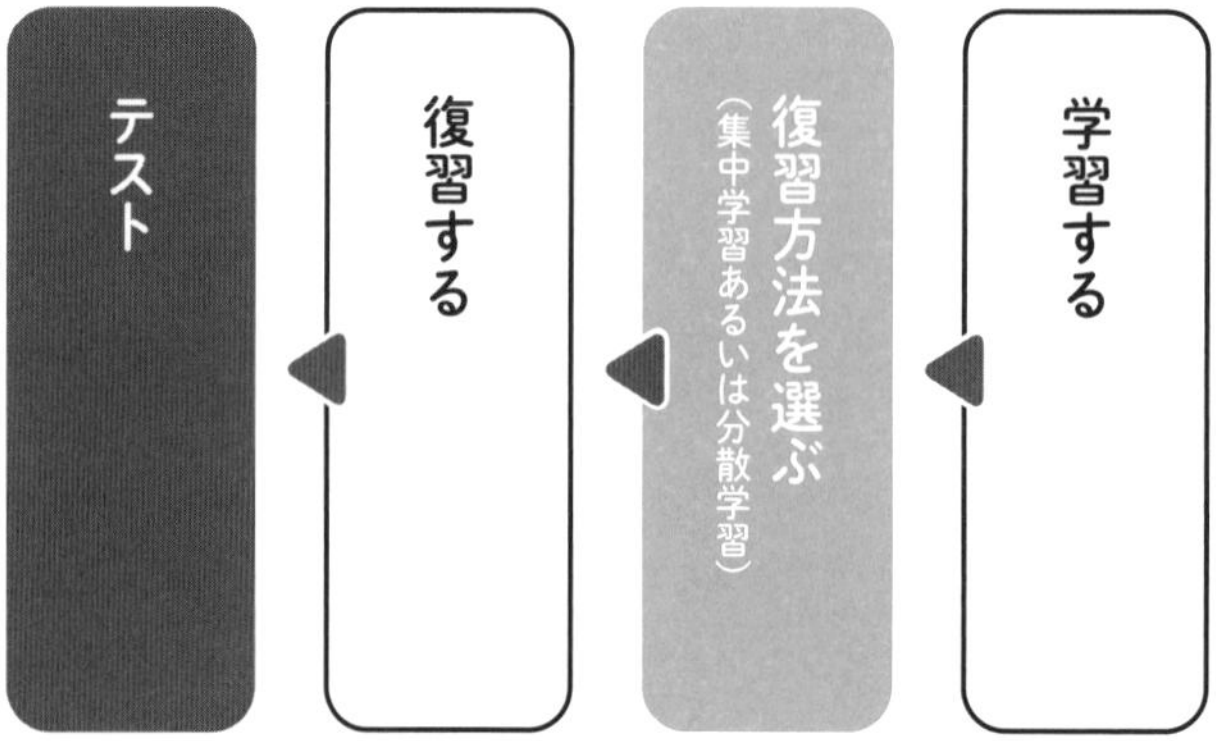

図1. 研究の手順

たが、残り3分の1の単語の場合はその希望は無視され、選択したものとは反対の方法が強制されました。同様の実験を小学生（42名）にも行いました。

結果

集中学習の場合は、自分で選択した場合と強制的に選択された場合で結果に差はありませんでした。ところが、**分散学習の場合は、自分で選択した場合にのみテストの得点が向上**しました。

つまり「まだよくわかっていないから集中学習した方がよい」と思ったときに分散学習してもその効果は見られず、「この内容は集中学習でなく分散学習した方がよい」と思ったときに、初めて分散学

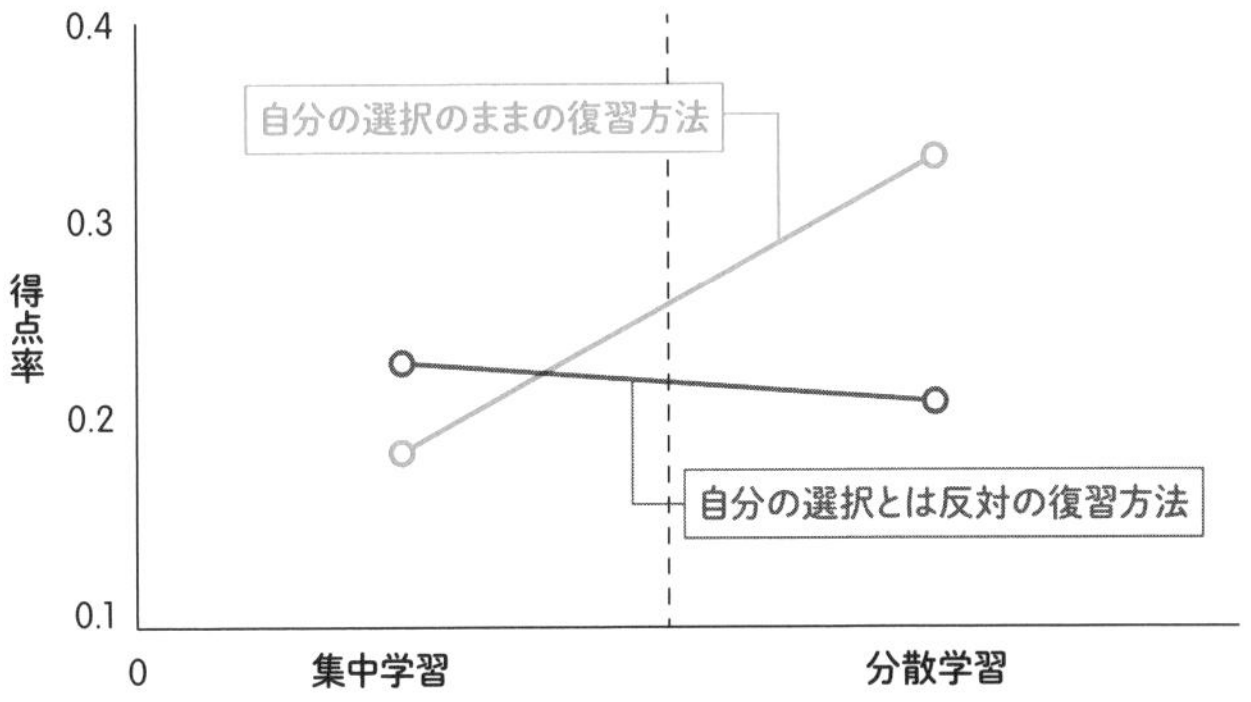

図2. 学習法の選択方法とテストの得点との関係［Son(2010)を改変］

参考文献: Son, L. K. (2010) Metacognitive control and the spacing effect. Journal of Experimental Psychology: Learning, Memory and Cognition. 36, 1, 255-262.

習の効果が表われるといえます。

直感に任せれば、適切な復習方法を選べる

研究17－図2を見ると、**自分で復習方法を選ぶと分散学習の効果がしっかりと表れ**、テストの点数がよくなりました。

ところが**自分の意図とは反対の復習方法を行うと、分散学習の効果が全く消えてしまった**のです。この結果から、**何をどう復習するかは自分で選ぶのがよい**、ということがわかりました。小学3～5年生の子供たちに実験に参加してもらった場合でも、同じような実験結果が得られました。

「自分は何をどこまでわかっているのか」といった自分についての把握を、専門用語では「メタ認知」と呼びます。小学校高学年にもなれば、メタ認知はすでにしっかりしているといえます。復習計画を考えるときには、このメタ認知を信じるとよいでしょう。

最後に、なぜ分散学習が効果的なのか、その理由を説明します。

ある事柄Aを覚えたとします。おぼえた瞬間にAの内容は脳に畜えられる、と思われるかもしれませんが、意外なことにそうではないのです。どんな事柄であっても、それが勉強に限らずスポーツの技術でも日常のことであっても、脳に記憶されるためには時間がかかるのです。

ですから、Aをおぼえた直後にAに関する復習を繰り返しても、しっかり記憶されたことにはならないのです。それよりも、**Aをしっかり記憶するために脳が「ひそかに」働いているとき、つまりAをおぼえたその数日後にAの復習をするのが効果的**です。

なぜなら、その復習は脳のひそかな働きを助けることになり、結果として、よりしっかりとした記憶ができあがるからです。

暗記カードの枚数は多いほうがいい

――ここにも表れる分散効果

「しばらく間をあけてから復習するとよい」という分散効果は、まったく別の学習場面でも役立ちます。それは「暗記カード」を使うときです。単語の意味や漢字、歴史の年号や事柄、数学の公式などを覚えるために、暗記カードは便利ですね。新しく習った20個の英単語を覚えるために、20枚の暗記カードを作るとします。このカードの内容をしっかり覚えるにはどうしたらよいでしょうか？

一番単純な方法は、20枚のカードをすべて、繰り返して勉強することです。でも、一度に20枚は多すぎると感じるかもしれません。そんなときは、20枚のカードの中から何枚かを選びだして勉強し、終わったらまた別のカードを何枚か選びだして勉強する、といった使い方をするかもしれません。

ここで問題です。どちらの方法が効率的でしょうか？　違いは、一度に勉強するカードの枚数が多いか少ないか、だけです。

ところで、「しばらく間を空けてから復習するとよい」という分散効果を振り返ってみましょう。暗記カードにもこの法則が当てはまるとすれば、一度に勉強する暗記カードの枚数は多い方がよいということになります。

なぜならば、枚数の多いカードを繰り返し勉強する場合は、あるカードに出会う間隔が長くなるからです。**枚数を少なくしてそれぞれをしっかり覚える方がよさそうに思えますが、実際は枚数が多いほうが記憶に残る**のです。こんな意外な結論にたどりついた研究（112ページの研究18）を紹介しましょう。

この実験から、参加者は5枚のカードを覚える方がよい点がとれる、と予想したことがわかりました（研究18－図1）。ところが実際にテストをしたところ、20枚のカードを勉強した方がテストの点数が高くなりました（研究18－図2）。この実験は、「間を空けるとよい」という分散効果が暗記カードにも当てはまることを教えてくれます。もう一つの重要な点は、**分散効果は直感的ではない**、ということです。直感的ではないからこそ、こうした実験結果が参考になるのです。

研究

18 暗記カードの内容を効率的に覚えるには？

方法

実験参加者の課題は、おもてには難しい単語、裏にその意味が書かれた40枚の暗記カードを覚えることです。各実験参加者とも、カードを20枚ずつに分け、それぞれに違う勉強方法を試しました。**［方法1］は1日に20枚のカードを2回繰り返して勉強**しました。これを4日続けました。**［方法2］では、別の20枚のカードを4グループ（各5枚）に分けました。そして毎日1グループ分（5枚）のカードを8回繰り返して勉強**しました。4日

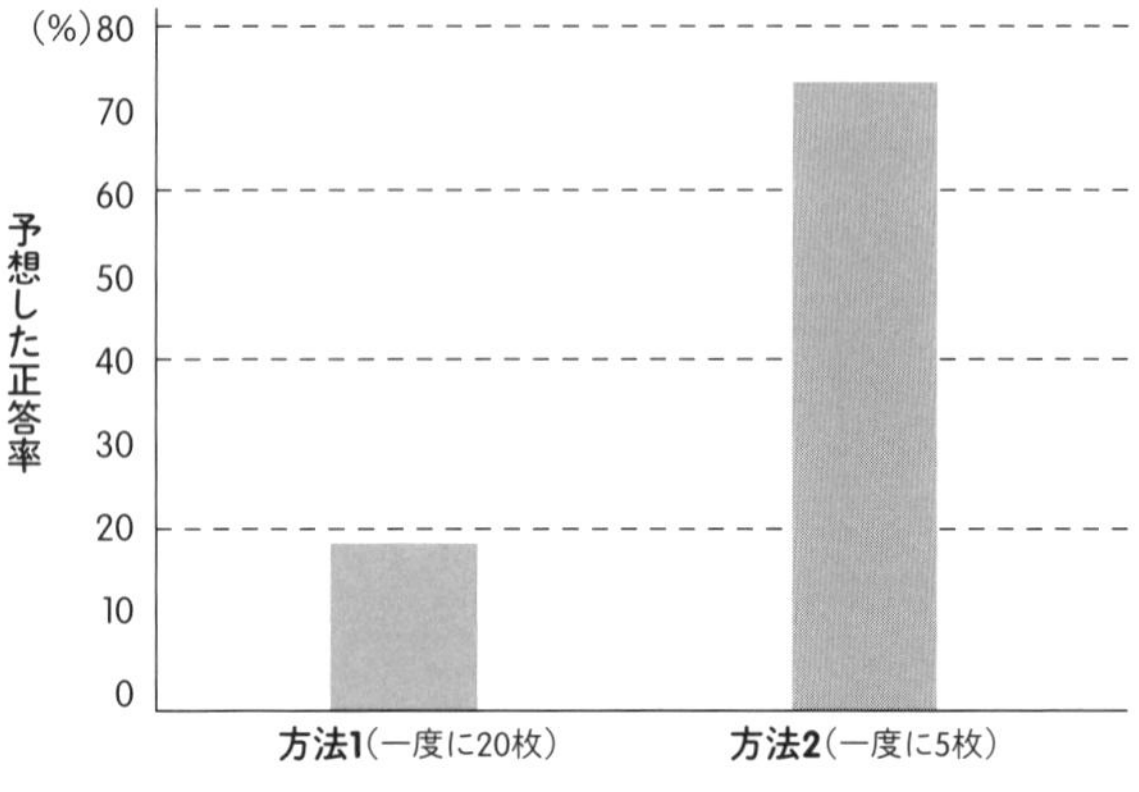

図1. 暗記カードの枚数と予想した得点との関係［Kornel(2009)を改変］

間かけ、4グループのカードすべてを勉強しました。
　どちらも1日に勉強する枚数は全部で40枚のため［方法1］と［方法2］の勉強時間は同じです。5日目に40枚のカードをすべて見直す復習をしました。6日目に単語の意味を覚えているかテストしました。また初日の勉強が終わったあとに、テストでどれくらい点数がとれるかを予想するアンケートをとりました。

結果

アンケートでは［方法2］が［方法1］よりも好評でした（図1）。**ところがテストの点数は、［方法1］の方が［方法2］よりも2倍近く高くなりました**（図2）。

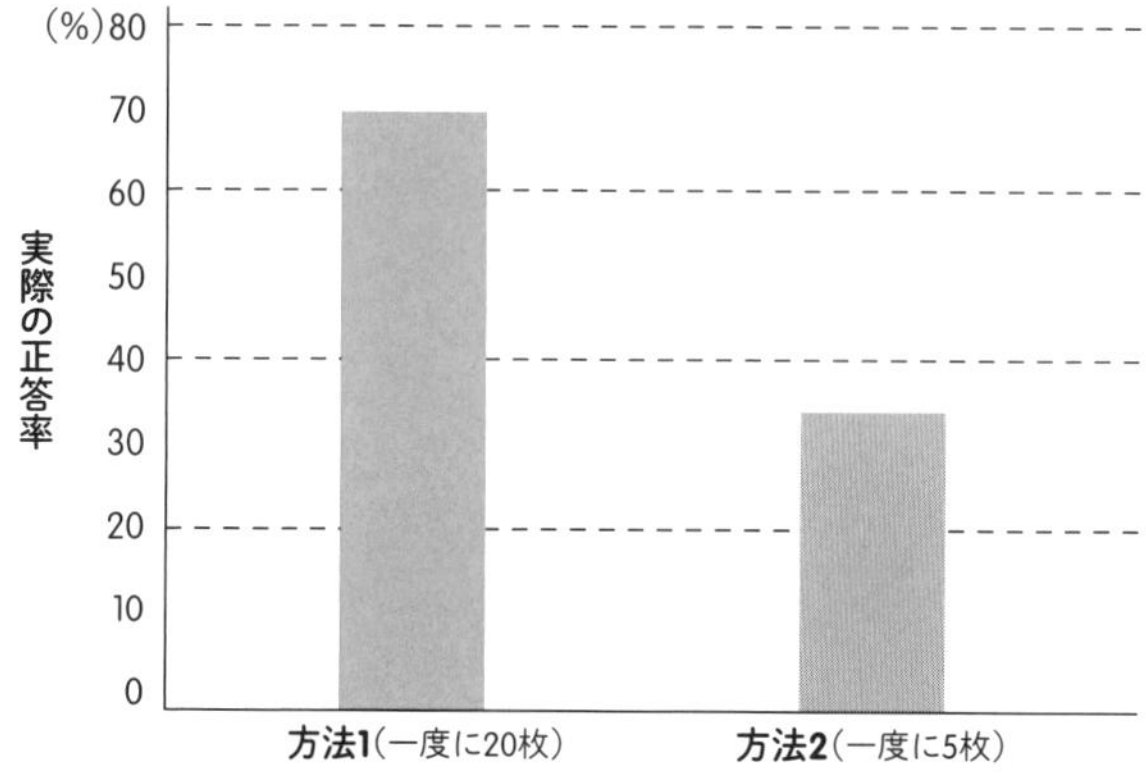

図2. 暗記カードの枚数とテストの得点との関係［Kornel(2009)を改変］

参考文献: Kornel, N. (2009) Optimising learning using flashcards: Spacing is more effective than cramming. Applied Cognitive Psychology, 23, 1297-1317.

答え合わせにも正しい方法がある
——答え合わせも復習のひとつ

多肢選択式テストという言葉を聞いたことがあるでしょうか。多肢選択式テストとは、「米国カリフォルニア州の州都は【　　】です。カッコに当てはまる都市名を次の1～4から選びなさい」といったように、問題に書かれている複数の選択肢の中から正解を選ぶタイプの問題です。

この方式のテストは「大学入試センター試験」や資格試験のマークシート方式のテストなど、重要な試験でも用いられています。このタイプの問題を使って自分で復習のための小テストを行う場合、その答え合わせにはちょっとした秘訣があります。どのような答え合わせが有効な勉強方法につながるのでしょうか。

多肢選択式テストが複数問、例えば42問あったとしましょう。この42問を全部解き終わってから、最後にまとめて答え合わせをするかもしれませんね。あるいは、1問ずつ答え合わせをしていくかもしれません。

直感的には、どちらの答え合わせの方法でもそれほどの違いは感じられません。ところが116ページで紹介する研究19から、**多肢選択式テストのあと、どのように答え合わせをするかにより、最終テストでの得点が変わってきてしまう**ことがわかったのです。

実験参加者はまず歴史に関する勉強をします。そしてその1週間後に、勉強した内容について最終テストを受けました。この実験参加者たちは最終テストに向けて、多肢選択式の小テストにより復習をしました。この小テストにおけるその答え合わせの方法（および小テストをするかしないか）の違いにより、4グループに分けられました。どのグループの成績が一番よかったでしょうか？

研究

19 多肢選択式テストの正しい答え合わせ

方法

実験参加者（72名のアメリカ人大学生）はまず、歴史に関する勉強をしました。

続いて実験参加者は4つのグループに分けられました。

グループ1は「何も復習しない」、グループ2は「多肢選択式テスト（42問）による復習を行うが、答え合わせはしない」、グループ3は「多肢選択式テストを1問解くたびに答え合わせを行う」、**グループ4は「多肢選択式テストをすべて終えてから答え合わせを行う」**としました（図1）。

1週間後に各グループとも最終テストを行いました。最終テストは多肢選択式ではなく、正解を筆記するタイプのテストでした。

結果

グループ4が、最終テストで最も高い点数をとりました（図2）。

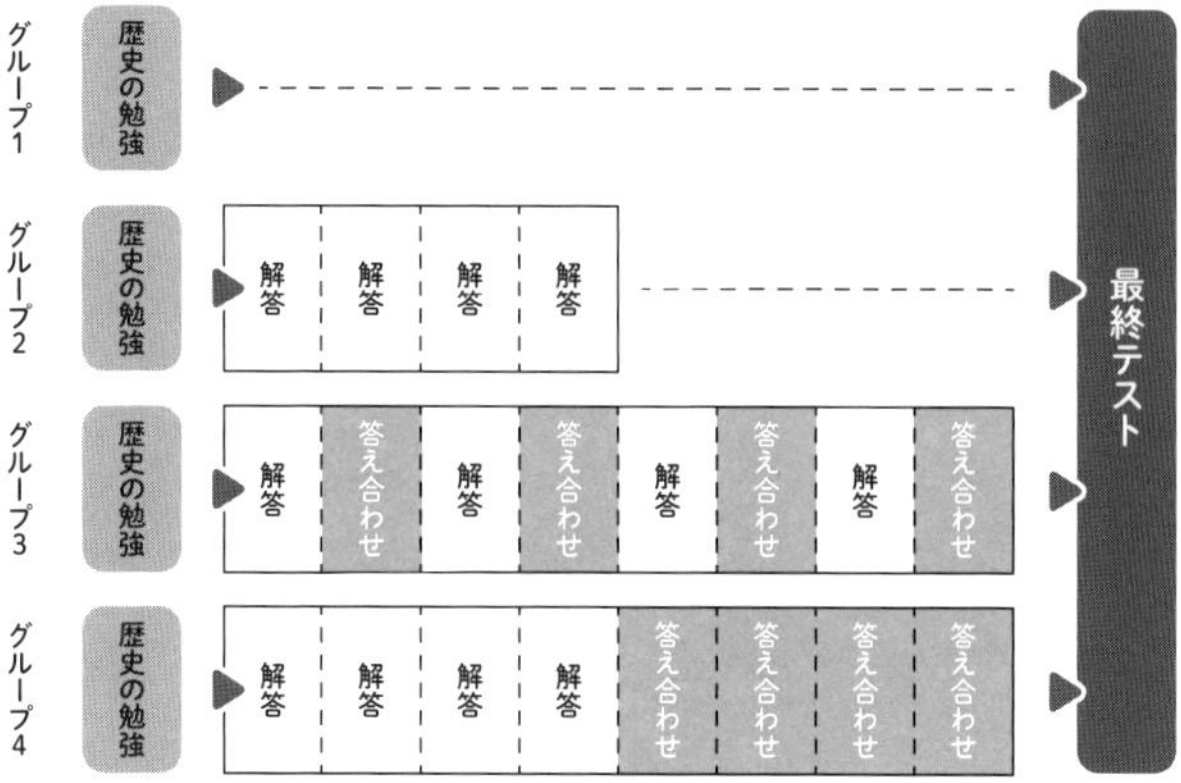

図1. 研究の手順

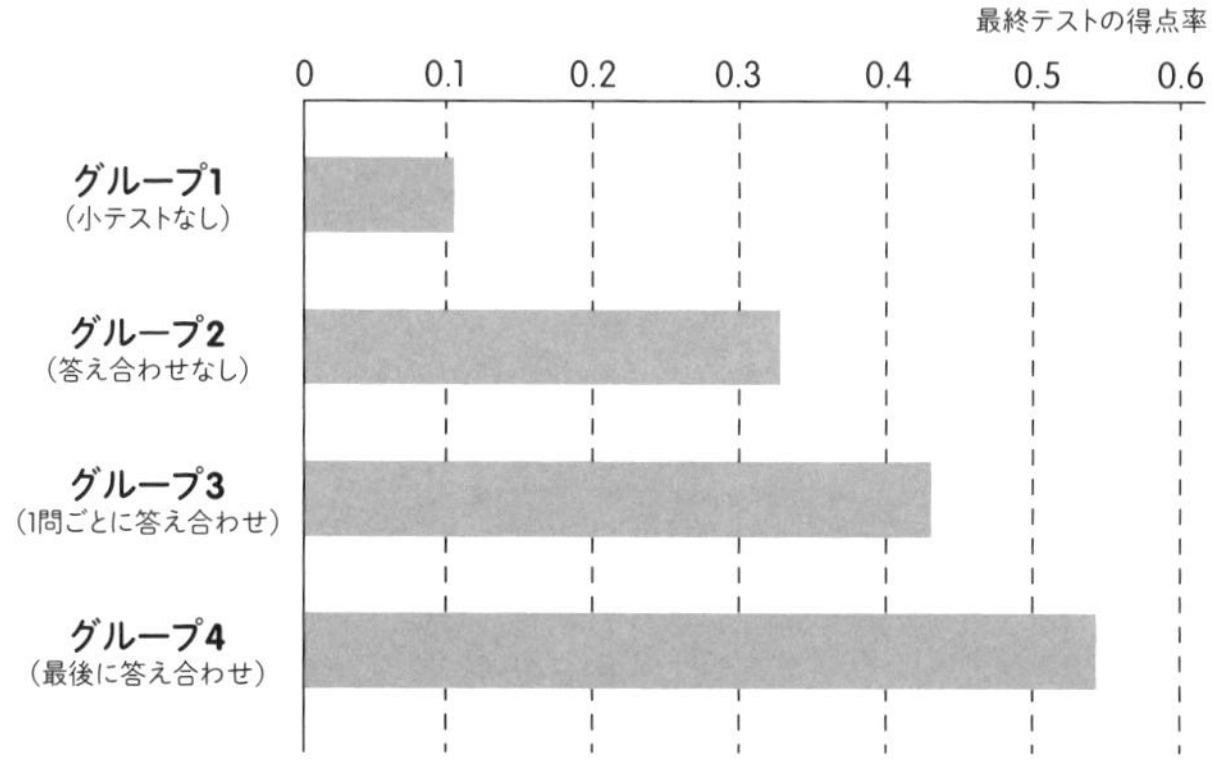

図2. 答え合わせの方法とテストの得点との関係［Butler & Roediger（2008）を改変］

参考文献: Butler, A. C. & Roediger III, H. L. (2008) Feedback enhances the positive effects and reduces the negative effects of multiple-choice testing. Memory & Cognition, 36, 604-616.

強力なテスト効果

研究19－図2をみると、当然かもしれませんが、一番成績が低かったのは、小テストによる復習をしなかったグループ1です。次に低かったのは多肢選択式の小テストを復習としてしたけれども、答え合わせをしなかったグループ2でした。しかし、注目してほしいのは、このグループ2は答え合わせをしなかったにもかかわらず、小テストを受けなかったグループ1よりも3倍も高い得点をとっていることです。このように**「テストを受けるだけで学習効果が上がる」**効果を**「テスト効果」**と呼びます。この**テスト効果は、分散効果と並びとても強力です。学習における絶対確実な二大効果と言える**でしょう。テスト効果については124ページから詳しく説明しましょう。

あなどれない、答え合わせ

では、どのような答え合わせの方法が最もよかったのでしょうか？　1問終わるたびに正解をチェックしたグループ3よりも、最後にすべてを答え合わせしたグループ4の方が、最終テストの成績がよくなりました。

つまり、**答え合わせはまとめて最後にするといい**、という結果が得られました。この実験には大学生が参加しました。また、1問ごとに答え合わせをするグループ、最後に答え合わせをするグループ、あるいはまったく答え合わせをしないグループといったように、実験参加者をグループ分けしました。

ここでまた疑問がわいてきます。小学生が実験に参加したらどのような結果になるでしょうか？　年齢によって効果は変わるのでしょうか、また、実際の教室で授業中に実験を行ったらどうなるでしょうか？　もし一人の参加者がすべての実験条件を試したら、やはり遅れて、つまり最後にまとめて答え合わせする方が有利でしょうか、それとも効果は人それぞれで違うのでしょうか？

こういった疑問に答えるために行われた実験を紹介します。120ページの研究20を見てください。アメリカで行われたこの実験の参加者は小学6年生で、通常の授業時間内に教室で行われました。各実験参加者は、答え合わせに関する3つの条件（①答え合わせなし、②すぐに答え合わせ、③遅れて答え合わせ）すべてに参加しました。

研究 20 答え合わせはすぐ？ それともあとで？

方法 実験参加者（27名のアメリカの小学6年生）はまず、難しい単語の意味に関する勉強をしました。

勉強のあと、すぐに小テスト（多肢選択式テスト）を行いました。勉強した単語のうち3分の1は答え合わせをしませんでした。別の3分の1はすぐに答え合わせをしました。残りの3分の1は遅れて答え合わせをしました。この実験は1週間にわたって行われ、最後に勉強した単語に対する最終テストを行いました。

結果 最終テストでは、**遅れて答え合わせを行った単語に対する点数が最も高い**ことがわかりました（図2）。

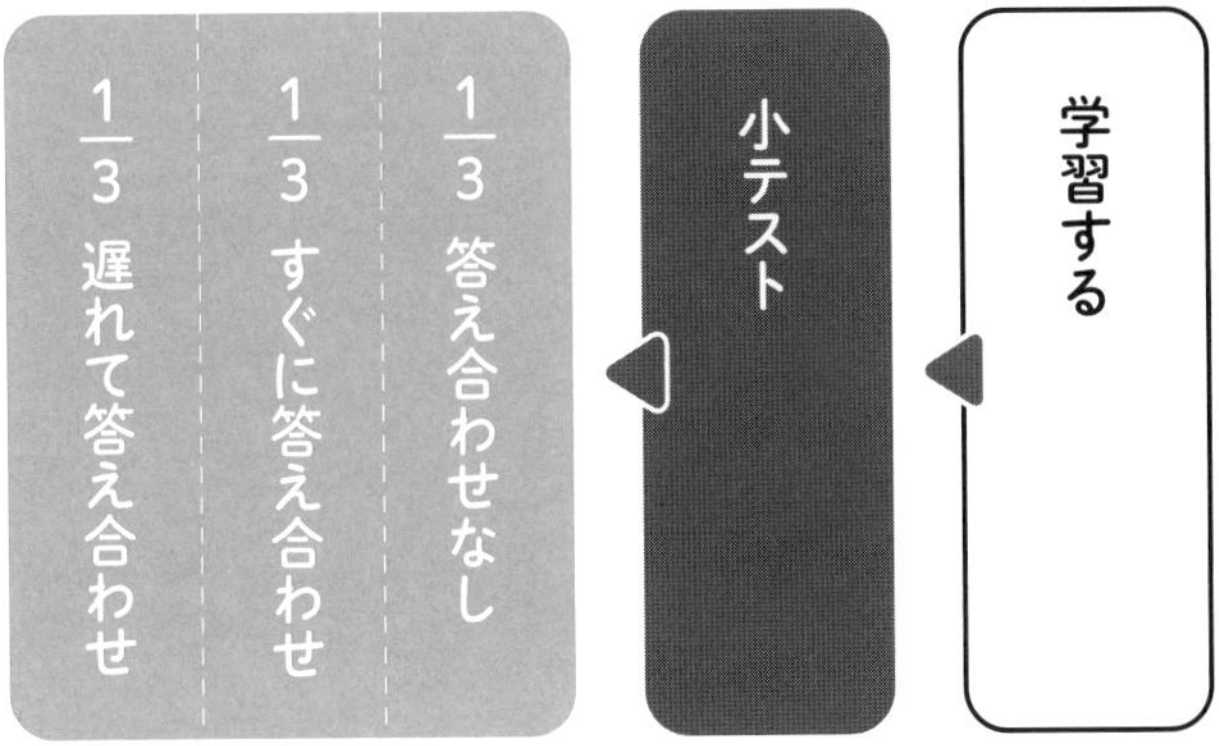

図1. 研究の手順

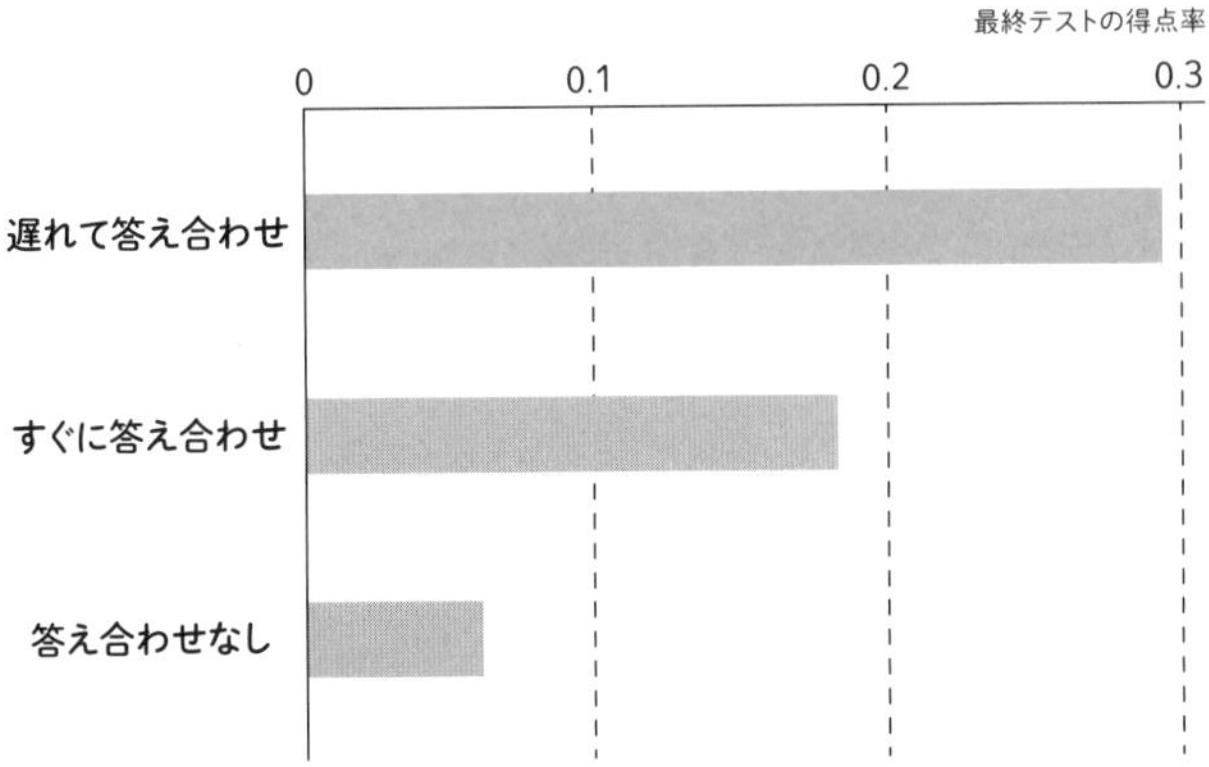

図2. 答え合わせのタイミングと最終テストの得点率[Metcalfeら (2009)を改変]

参考文献: Metcalfe, J., Kornell, N., & Finn, B. (2009) Delayed versus immediate feedback in children's and adults' vocabulary learning. Memory & Cognition, 37, 1077-1087.

答え合わせにも分散学習の効果

さっそく結果を見ていきましょう。最終テストの成績は「遅れて答え合わせをする」という条件で一番よくなりました（研究20－図2）。116ページで紹介した研究19の結果と併せて考えると、やはり**多肢選択問題の答え合わせは最後に行う方が、最終テストに対する効果が高い**といえそうです。

なぜすぐに答え合わせするよりも効果が高いのか、その理由は2つあります。その1つは、96ページで解説した**「分散学習」の効果**です。つまり、同じテーマを学習するのであれば、続けて行うよりも、しばらく間をあけて行う方が効率がよくなります。

答え合わせを時間をおいてあとで行うということは、まさに分散学習に他なりません。**テスト効果と分散効果を組み合わせると、それは最強の学習方法になります**。テスト効果については次項でくわしく説明します。分散効果はその適用範囲がとても広く、勉強やスポーツ、音楽などいろいろな場面で力を発揮します。

これらをまとめて「バラバラの法則」として、１４０ページから解説しましょう。

もう一つの理由は、答え合わせを遅らせている間に、多肢選択問題において自分が選んだ誤った解答を忘れる時間ができるということです。このために答え合わせの効果が高まるのです。

学びの切り札（その2）“テスト効果”

——最短で最大の効果を得られる学習法

そもそもテストとは何でしょうか？

これまでに学習したことをどれくらい覚えているか、どれくらい理解しているかを試す機会である、という答えが一般的でしょうか。

もし学校などで行われるテストが学力を試す意味しかないのであれば、当然のことながら、テストを受けること自体に学力を上げる力はありません。

ところが最近の研究から、**テストを受けるだけで学力が上がる**ことがわかってきたのです。しかも**テストを効率的に行うと、全体の勉強時間を減らす一方で、高得点をとることができる**、というのです。

アメリカの研究グループにより2008年に発表された実験を紹介します。研究21を見てください。

研究

21

読むだけとテスト形式どちらが効果的？

方法 実験参加者は、外国語の単語とその意味を覚える学習とテストを繰り返しました。

直前のテストで不正解だった単語に関する再学習・再テストの方法を、図1のように変えて、実験参加者を4グループに分けました。

再学習では、復習として単語とその訳語を見直しました。再テストでは、単語だけを見て、その訳語を自分で答えます。

1週間後に最終テストを行いました。

グループ1 全単語の再学習と再テストを行う	**グループ2** 直前のテストで不正解だった単語のみ再学習するが全単語を再テストする
グループ3 全単語の再学習を行うが直前のテストで不正解だった単語のみ再テストする	**グループ4** 直前のテストで不正解だった単語のみ再学習と再テストを行う

図1. 再学習・再テストの方法で分類したグループ

結果

不正解の単語のみ再学習し、全単語を再テストしたグループ2は、総勉強時間がグループ1よりも短いにもかかわらず、最終テストで高得点をとりました。

全単語を再学習し、不正解の単語のみ再テストしたグループ3は、総勉強時間はグループ2とほぼ同じであったのに、その得点は低くなりました。

つまり、**読むだけの復習よりテストによる復習に時間を使う方が、得点は向上することがわかりました。**

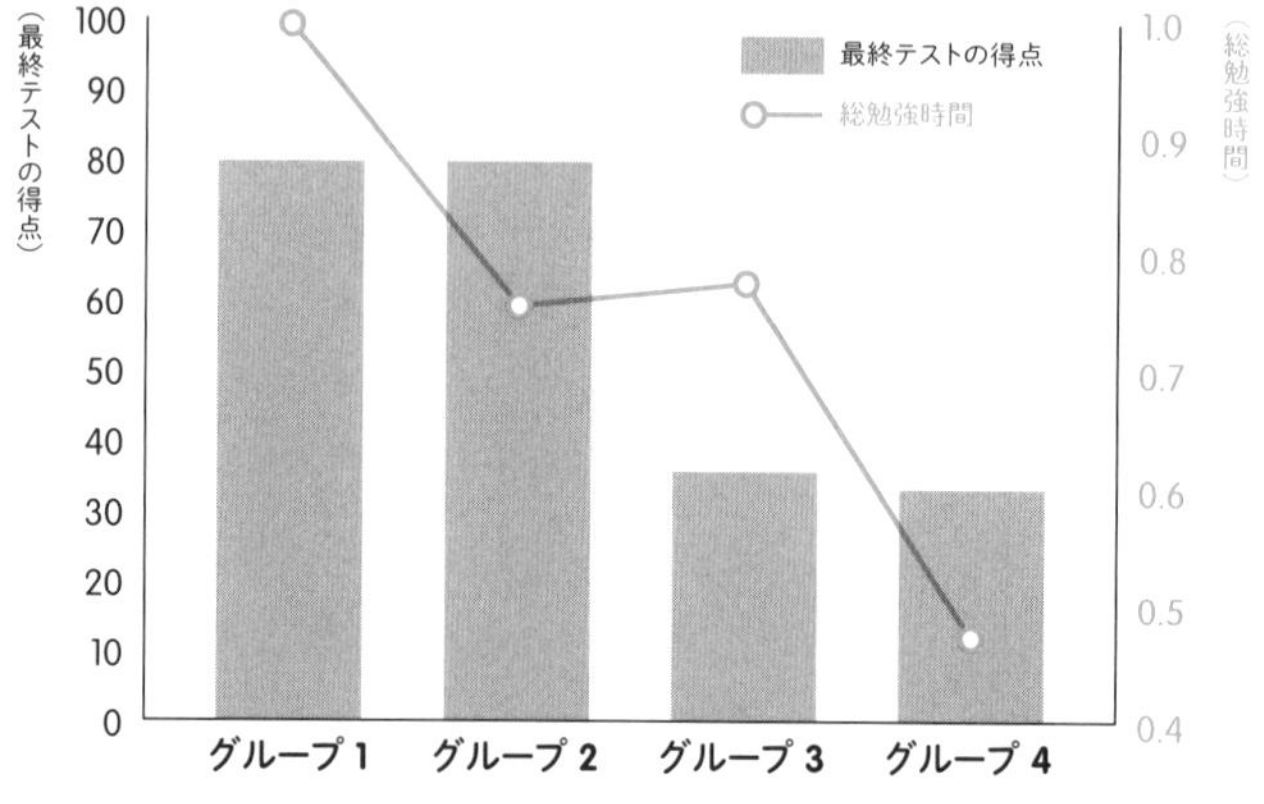

図2. グループ別の最終テストの得点［Karpicke & Roediger(2008)を改変］

参考文献: Karpicke, J. D. & Roediger III, H. L. (2008) The critical importance of retrieval for learning. Science, 319, 966-968.

強力なテスト効果

研究21では、大学生（アメリカ人）が外国語の単語（スワヒリ語）の学習とテストに挑戦しました。まずコンピュータの画面上にスワヒリ語の単語とその意味が提示されます。40個の単語とその意味が続けて出てきますので、学生たちはこれを覚えます。この学習が終わると、続いてテストが行われます。テストではスワヒリ語の単語だけが画面に提示されるので、学生たちはその意味をキーボードから入力します。新しい言語を覚えるのは難しいこともあり、このテストの平均点は１００点満点中で30点ほどでした。

続いて実験に参加した学生を研究21－図１のように４グループに分け、スワヒリ語の再学習と再テストを繰り返します。ここでいう再学習とは、復習のために単語とその訳語をもう一度見直すことをいいます。一方で再テストでは、単語だけを見て、その訳語を自分で答えます。まとめると、**再学習とはテスト形式を利用しない「読むだけの」復習方法**、**再テストとは小テストを利用した復習法**ということです。

　このグループ分けは少し複雑に思えますが、**要は直前の再テストで不正解だった単語をどう勉強するかという観点からグループ分けしているの**です。実験にかかった時間、つまり総勉強時間は、当然のことながらグループ1が最長で、グループ4が最短でした。グループ2とグループ3はほぼ同じでした。そして1週間後に、全員が「最終テスト」を受けました。あらためて最終テストの結果をみていきましょう。

テストの方が2倍も効率的

　研究21－図2をみると、グループ1とグループ2が高得点をおさめています。グループ1はすべての単語を何回も学習したのですから、最終テストの得点が高くて当然です。ポイントは、総勉強時間が少ないグループ2でも得点が高かったということです。グループ2の総勉強時間は、グループ1の7割程度しかないことに注目してください。グループ2と同じくらい勉強時間を使ったグループ3は、グループ2の半分しか点数がとれませんでした。

つまり、再学習よりも再テストに時間を使った方が、同じ時間を勉強するのであれば得点はずっと高くなるのです。この結果は、**教科書や参考書を読むだけではほとんど記憶に残らない**、ということを意味します。**テストを利用して自分で思い出す努力をする復習方法こそが、効率的かつ効果的な方法**なのです。

小テストの活用法

事前に小テストを受けるだけで、本番のテストの得点が上がってしまうという不思議な効果は、専門用語で「テスト効果」と呼ばれています。そのままのネーミングなのですが、この効果が確かであることは、その他たくさんの心理学的研究で実証されています。

テスト効果は古くから知られており、ギリシャの哲学者アリストテレスは、「繰り返し思い出すことにより記憶力が強まるのだ」と指摘しています。

現在では、**小テストによる復習を繰り返すことにより、蓄えられた記憶が「思い出しやすい」形に変形される**のではないかと考えられています。ある事柄を事前に覚えたとしても、それが本番の試験中に出てこないとあまり意味はありません。テスト形式の勉強法は、覚えた事柄を記憶の貯蔵庫から出しやすくしているのです。事前にちゃんと覚えていたはずなのに試験本番ではそれが思い出せず、試験が終わったその帰り道に思い出してくやしかった、といった経験はありませんか？

こんな経験は、実は不思議なことではありません。**覚えることと思い出すことは、脳にとって別のこと**だからなのです。

では、復習のための小テストは何回行えばいいでしょうか、1回で十分でしょうか、それとも何回も繰り返した方がいいでしょうか。そして、小テストを繰り返す場合には、その間隔はどれくらいあければ効果的でしょうか？

ここではテストを効果的に利用するにはどうしたらよいか、という疑問にチャレンジした実験を紹介します。研究22をみてください。

研究

22

小テストの効率的な利用法

方法

129名のアメリカの大学生が実験に参加しました。まずスワヒリ語の単語（計70語）の意味を覚える学習と小テストを行いました。

小テストでは、ある同じ単語が出てくる間隔は1分か6分でした。小テストは、あらかじめ決めた正解数（各単語につき1〜10回）に到達するまで続けられました。小テスト終了後の1週間後に最終テストが行われました。

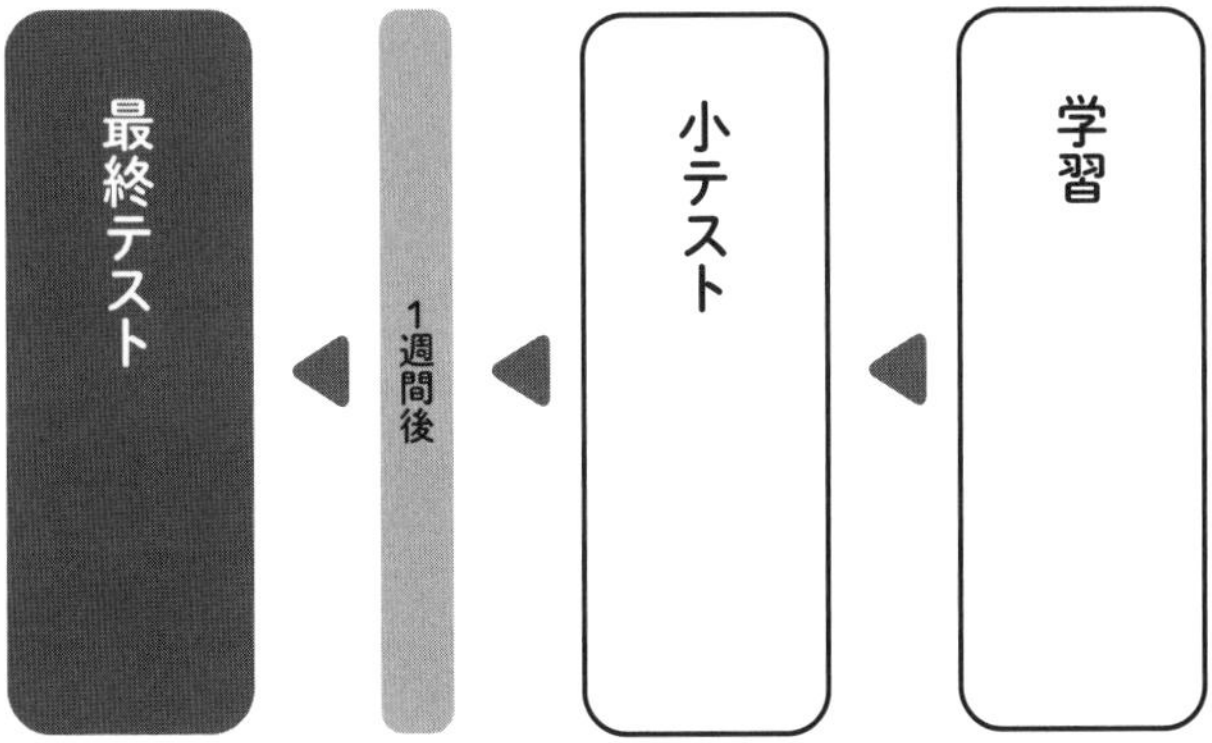

図1. 研究の手順

結果

ある単語が現れる間隔が、短いとき（1分）よりも、長いとき（6分）の方が成績がよくなりました。間隔が短いときは、最終テストはほぼ0点でした。

　このことから、**小テストの間隔が最も重要であることがわかりました。**また、小テストで5回以上正解が続けば、それ以上繰り返しても最終テストの成績は向上しませんでした。

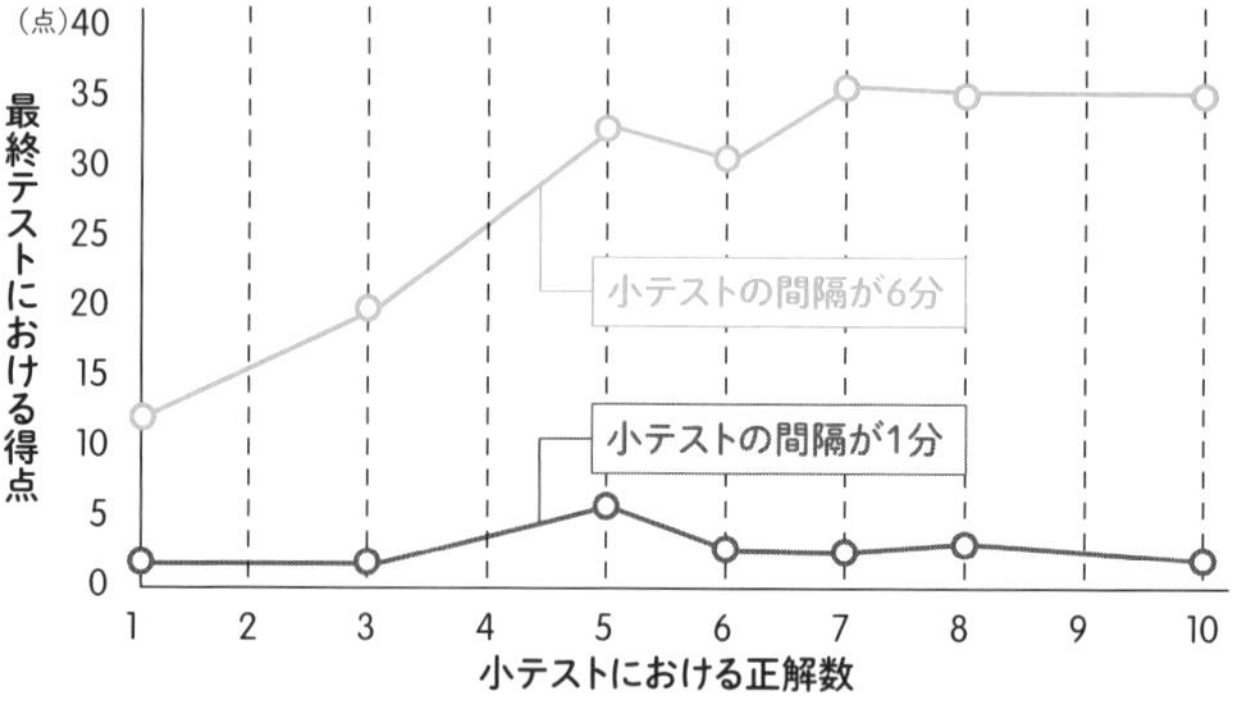

図2. 小テストでの正解数・小テストの間隔とテスト得点との関係

［Pyc & Rawson(2009)を改変 ］

参考文献: Pyc, M. A. & Rawson, K. A. (2009) Testing the retrieval effort hypothesis: Does greater difficulty correctly recalling information lead to higher levels of memory? Journal of Memory and Language, 60, 437-447.

テストとテストの間隔がカギ

実験参加者はまず、外国語の単語の意味を覚える学習をしました。学習後すぐに小テストに取り組み、1週間後には最終テストが行われました。小テストはいくつかの条件に分かれています。

1つ目は、各単語につき1分おきに小テストをするか、あるいは6分おきに小テストをするか、というものです。小テストの間隔は短い方がよいか、あるいは長い方がよいか、という疑問に答えるためです。

2つ目は、小テストで正解すべき回数を決めました。正解数を3とした条件では、全単語につき小テストでそれぞれ3回ずつ正解したら勉強終了、となります。各単語につき小テストを何回やればよいのか、という疑問に答えるためです。

研究22－図2を見ると、小テストの間隔が6分、つまり長い方が最終テストの結果がよいことがわかりました。小テストの間隔が1分のときは、最終テストはほぼ0点でした。小テストを各単語につき10回正解するまで行うといった条件が同じでも、小テストの間隔が1分と6分では、最終的な結果は大違いなのです。間隔が長いほど最終テストの結果がよくなったのは、分散効果があらわれたからです。このように、すこし間隔を長くするだけで分散効果が強く表れる場合があります。また、小テストで5回程度正解すれば、それ以上小テストを行っても、最終テストに対しては効果がないことがわかりました。

テスト効果はどれくらい続く？

テスト効果では、しばしば2つの疑問が浮かび上がります。

1つ目は、**「テスト効果はどれくらい長持ちするの？」**というもの。入学試験や資格試験のように勉強しなければならない科目が多い場合、復習（小テスト）と最終テストとの間隔が長くなってしまうこともあるでしょう。そんなとき、小テストの効果はどれくらい長続きするでしょうか？

復習しなければ記憶はどんどん薄れていきます。だとすると、最終テストまでの間隔が長くなりすぎたら、復習のための小テストを受けても受けなくても効果は同じになってしまうのでしょうか？

2つ目は、「小テストはどのように受けたらよいか？」ということについてです。例えば英単語の意味や世界史の事柄、数学の公式などを記憶する場合、それを実際に書いてみたり、口に出してみたりすることが重要でしょうか？　あるいは、心の中で答えを思い出すだけでもいいのでしょうか？

この疑問は、そもそもなぜ小テストに効果があるか、ということにもつながってきます。もし何回も書くことが重要であれば、小テストの効果は手をしっかり動かすことと結びついているはずです。

この2つの疑問にチャレンジした研究を紹介しましょう。137ページの研究23を見てください。

この実験では、単語とその意味を覚える課題を行います。復習のための小テストから最終テストまでの期間を5分から42日までと、きわめて幅広くとっています。このように、調べてみたいポイントを自在に変えることができるのが、実験を行う利点の1つですね。

それにしても、42日間も効果は残るものでしょうか？　また小テストでは、実験参加者は解答を書く必要がありません。「心の中で解答を思い出す」だけとします。これでも小テストの効果はあるのでしょうか？

実験では、小テストを受ける群と受けない群にグループ分けしました。小テストを受けない群では、最初と全く同じ勉強（つまり、単語とその意味を見直すだけの復習）を繰り返しました。

トータルの学習時間は、どちらのグループも同じです。このように、学習時間を操作してそろえられることも実験の利点の1つです。

研究

23

テスト効果の持続性とテスト方法

方法

42名の実験参加者は、まず最初に単語を覚える勉強を行いました。

その後、「小テストあり」群では単語の意味を答える小テストを行いました。解答は「心の中で思う」だけとしました。「小テストなし」群では、単語の意味の見直しのみを繰り返しました。

5分後から42日後に単語の意味に関する最終テストが行われました。

結果

「小テストなし」群と比べると「小

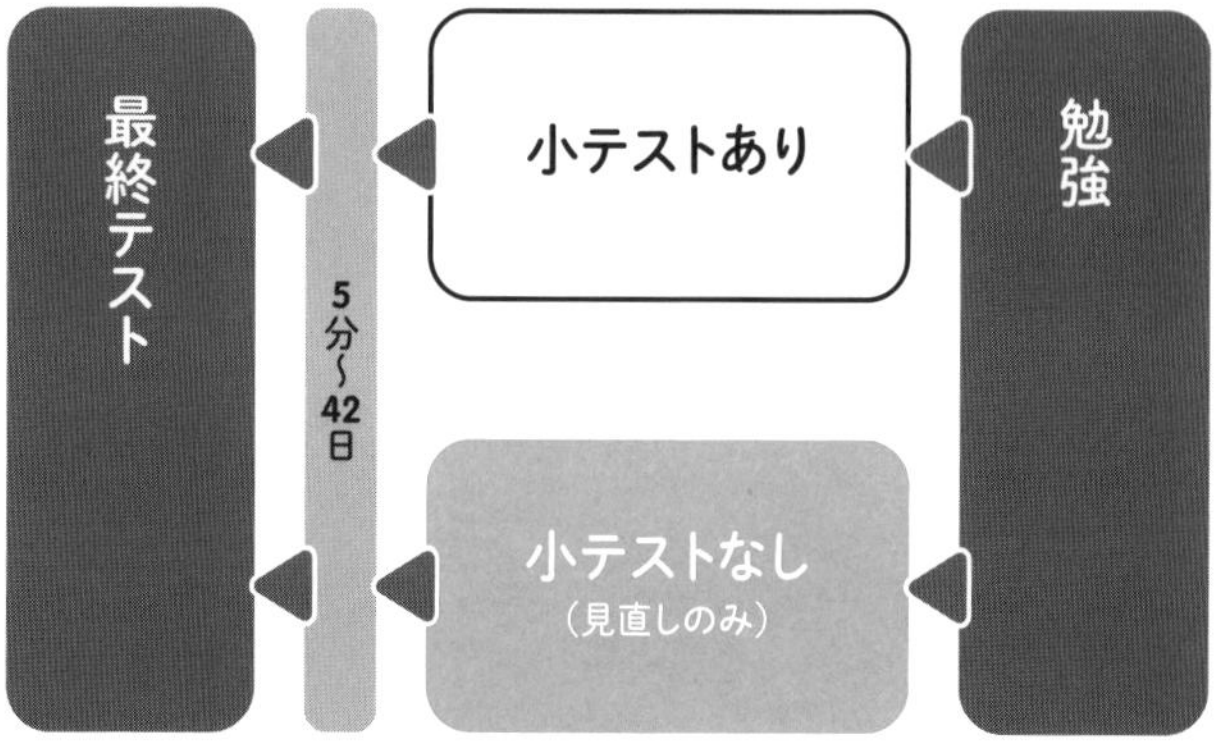

図1. 研究の手順

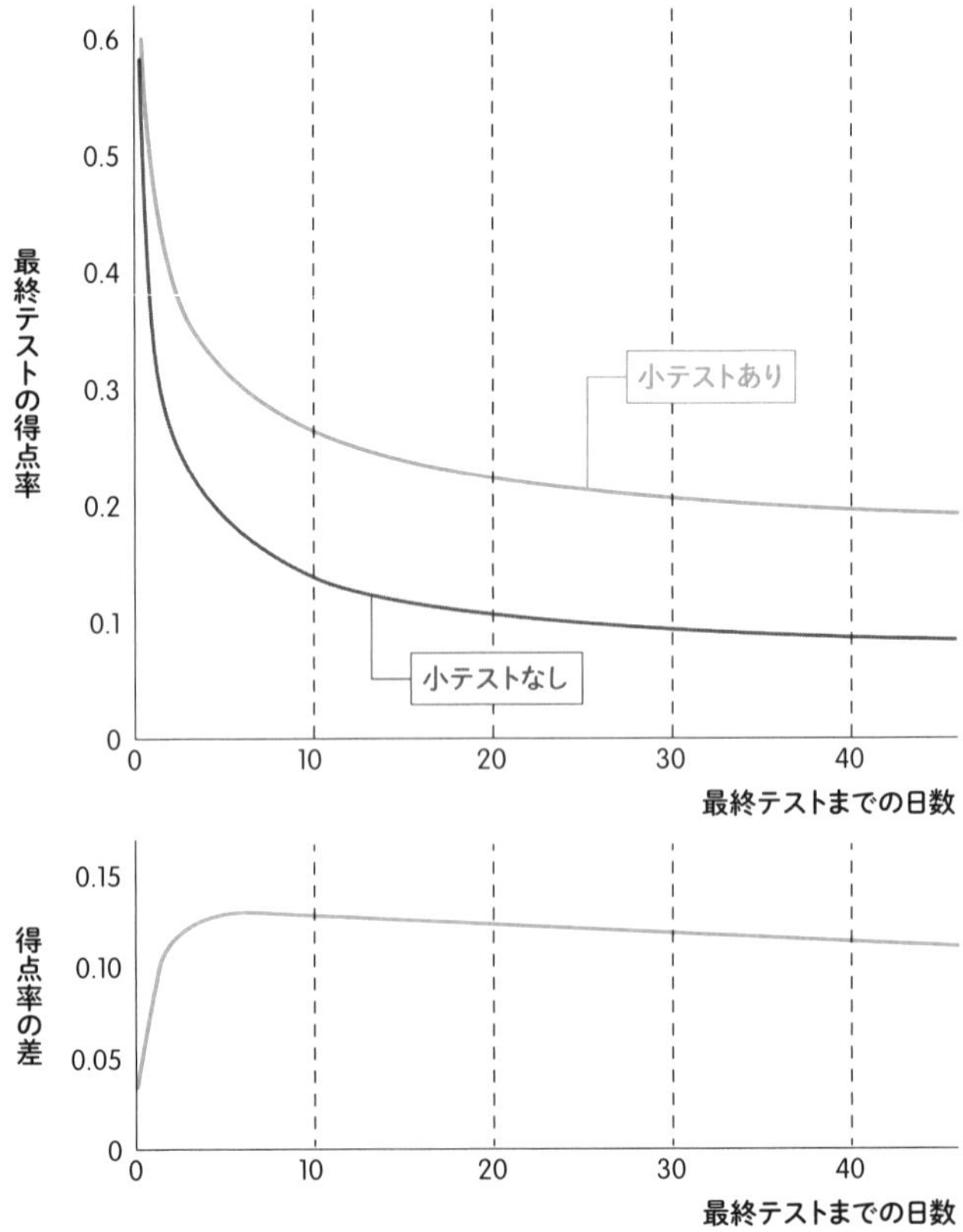

図2. 小テストあり群と小テストなし群の得点［Carpenterら(2008)を改変 ］

参考文献: Carpenter, S. K., Pashler, H., Wixted, J. T., & Vul. E. (2008) The effects of tests on learning and forgetting. Memory & Cognition, 36, 438-448.

テストあり」群の最終テストにおける得点は高くなりました。2群の得点差は、最終テストが2日後でも42日後でもほとんど変わりませんでした。

復習時の小テストでは、思い出すだけでも効果あり

それでは結果（研究23－図2）をみていきましょう。小テストの効果は、最終テストを5分後に行った場合はほとんどありませんでした。グラフを見ると、「小テストあり群」と「小テストなし群」で最終テストの結果が変わっていません。これは、勉強したあとすぐに復習するという集中学習の効果がないことを意味します。

たとえ小テスト形式で復習したとしても、やはりすぐの復習ではダメなのです。しかしながら、最終テストまでの間隔が空いている場合は、テスト効果はしっかりと表れました。その効果は、最終テストが42日後であっても十分に残っています。しかも**テスト効果は、「心の中で思い出す」だけでも大丈夫**なのです。

学習成果を持続させる〝バラバラの法則〟

――成果アップのカギはランダムさ

96ページで紹介した分散学習がもたらす分散効果は、それが必ずしも直感的でないにも関わらず、その効果が確実であることが多くの研究からわかっています。

さて、ここで1つ疑問があります。分散学習ではある物事を記憶したり理解したりするために時間をあけるわけですが、そのあいた時間はどう使えばよいのでしょうか？　正解はもちろん、あいた時間を別の教科の学習で埋める、ですね。ではどのように埋めればよいでしょうか？　その答えは「バラバラ」。つまりランダムでバラバラに埋めてしまえば十分なのです。この「バラバラの法則」は、音楽やスポーツの練習でも役立ちます。

まずは、ピアノの練習でバラバラの法則が成り立つことを示した実験を紹介します。研究24を見てください。ここでの「バラバラ」は練習の順番です。全部で

8つの曲を、間違えないようにできるだけ速く弾く練習をします。

研究

24

ピアノの練習成果とバラバラの法則

方法 ピアノで新しい曲を正確に速く弾くために、実験参加者は、8曲を方法1と方法2で練習しました。全練習時間はどちらも同じです。**方法1（1曲ずつ確実にマスターする）**、**方法2（バラバラに各曲を練習する）**。2種類の方法で練習した2日後に、練習した曲をどれくらい正確に速く弾けるかテストを行いました。また、どちらの練習方法が効果的だと思うかをテスト前に答えてもらいました。

結果 テスト前には、実験参加者は、方法2（バラバラに各曲を練習する）よりも**方法1（1曲ずつ確実にマスターする）の方が、練習成果が高いだろうと予想**しました。ところが**結果は、方法2で練習した曲の方が、正確に速く弾けました。**

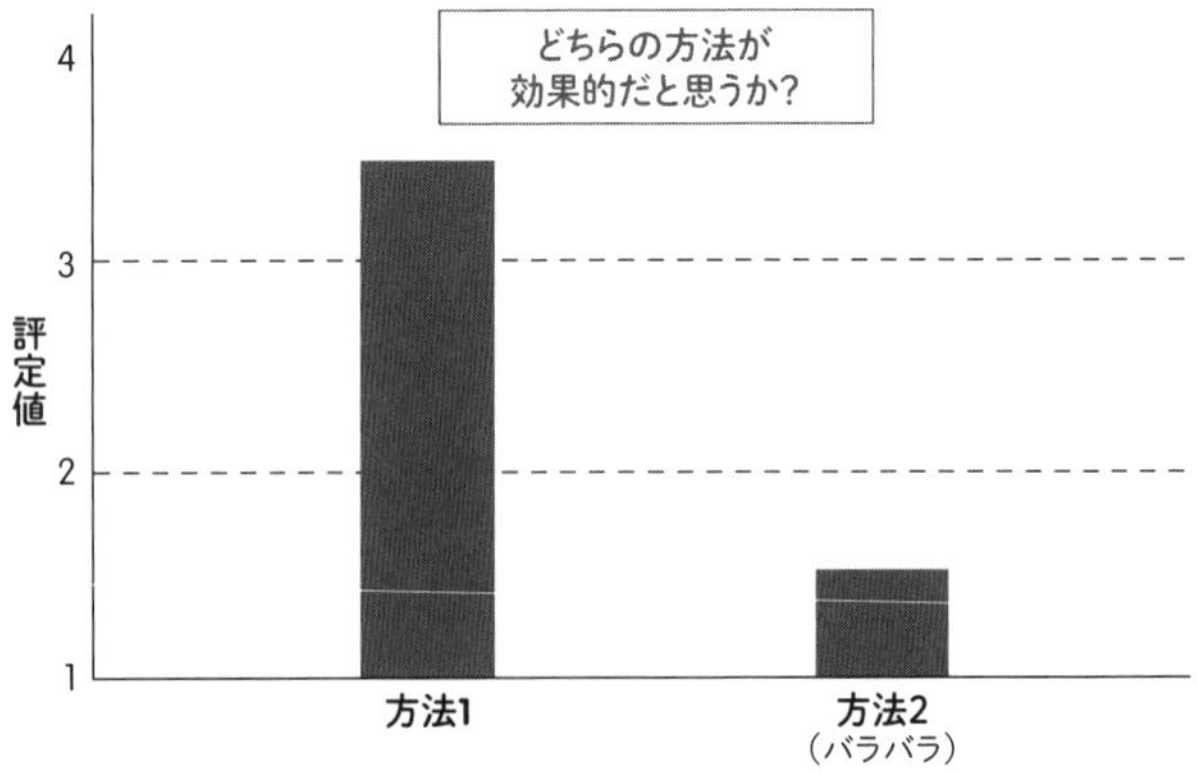

図1. 実験参加者の予測[Abushanab & Bishara(2013)を改変]

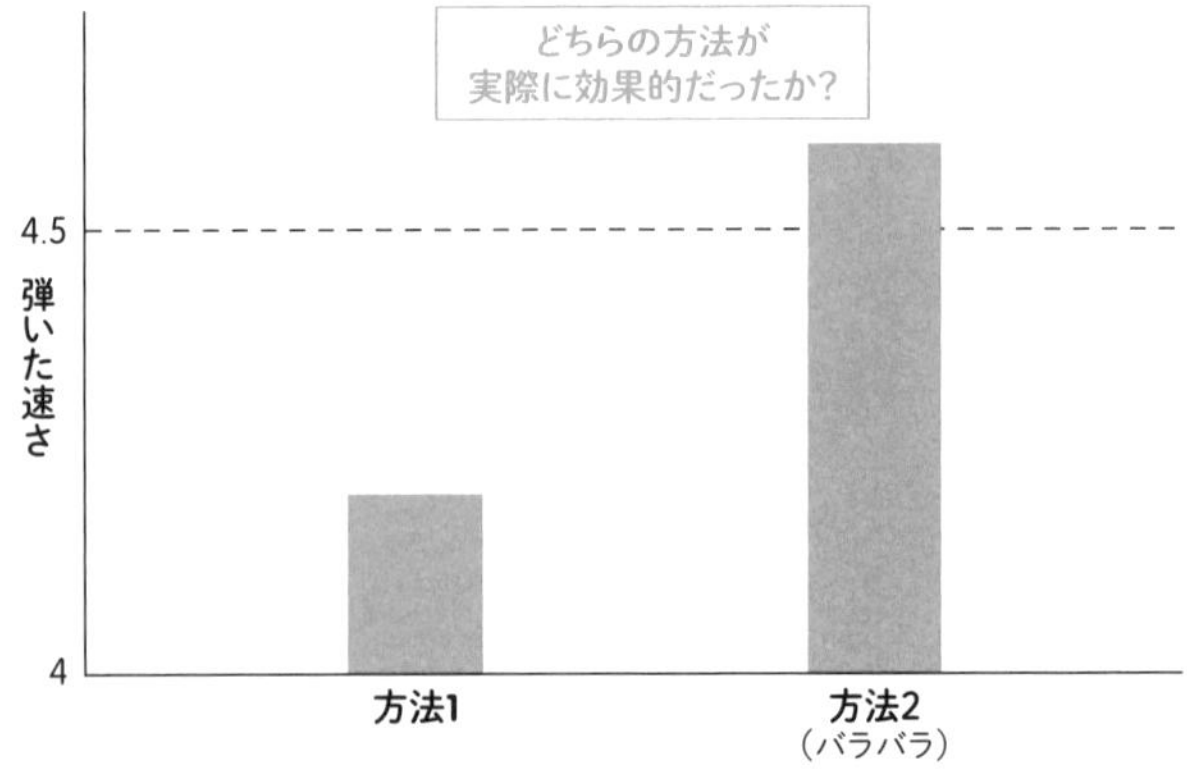

図2. 実際のパフォーマンス[Abushanab & Bishara(2013)を改変]

参考文献: Abushanab, B. & Bishara, A. J. (2013) Memory and metacognition for piano melodies: Illusory advantages of fixed-over random-order practice. Memory & Cognition, 41, 928-937.

決まった順番ではなく、ランダムが効果的

実験参加者は、2通りの方法で練習を行いました。1つは、決まった順番で練習する方法。つまり、曲1をしっかりマスターするまで練習してから曲2に移り、それが終わったら曲3、曲4……、といった練習をするのです。

もう1つの方法は、バラバラな練習です。例えば曲2を1回練習したら次は曲5を1回、次は曲7を1回といったように、ランダムに練習していくのです。

そして2日後にテストを行いました。その結果は、「バラバラ」の勝ちでした(研究24－図2)。つまり、**決まった順番ではなく、ランダムに次々と練習した方が、より速く正確にピアノを弾けるようになった**のです。

もう1つの重要な結果があります。それは、実験参加者の多くが「バラバラの練習方法はあまりよくないだろう」と考えていた、ということです(研究24－図1)。

必ずしも**直感とは合わないけれど効果がある、それが「バラバラの法則」**に基づく練習方法です。

勉強にも有効なバラバラの法則

ピアノの練習のように、バラバラの法則が効果を発揮する事例は多くあります。例えば、バスケットボールのフリースローの練習では、同じ距離だけよりも、バラバラの距離で練習する方が、練習成果が長続きすることがわかっています。

そして、このバラバラの法則は勉強にもあてはまります。**「勉強する場所や勉強方法をバラバラにした場合に、勉強の成果が上がるのか？」**、それを調べた実験を紹介しましょう。

勉強するときには、いつでも同じ場所で勉強した方がいいでしょうか、それとも、ときには勉強する場所を変えた方がよいでしょうか。

また、同じ参考書を繰り返し使った方がいいでしょうか、それとも、ときには気分を変えて、違う参考書や、あるいはタブレットなどを使った別の種類の勉強方法を試してみるとどうでしょうか。

勉強場所や勉強方法をバラバラにした事例として、研究25をみてください。

研究

25 学習環境をバラバラにすると成績アップ？

方法

実験参加者は、単語40語を学習しました。学習する部屋と学習する方法をそれぞれ2通り用意しました。学習方法は、「単語を耳で聞く」あるいは「画面で単語を見る」です。**グループ1は2回の学習において、部屋と方法を変えませんでした。グループ2は、1回目と2回目の学習で部屋と方法を変えました。**2回の学習のあと、最終テストを行いました。

結果

グループ2がグループ1よりも最終テストで高い得点をとりました。

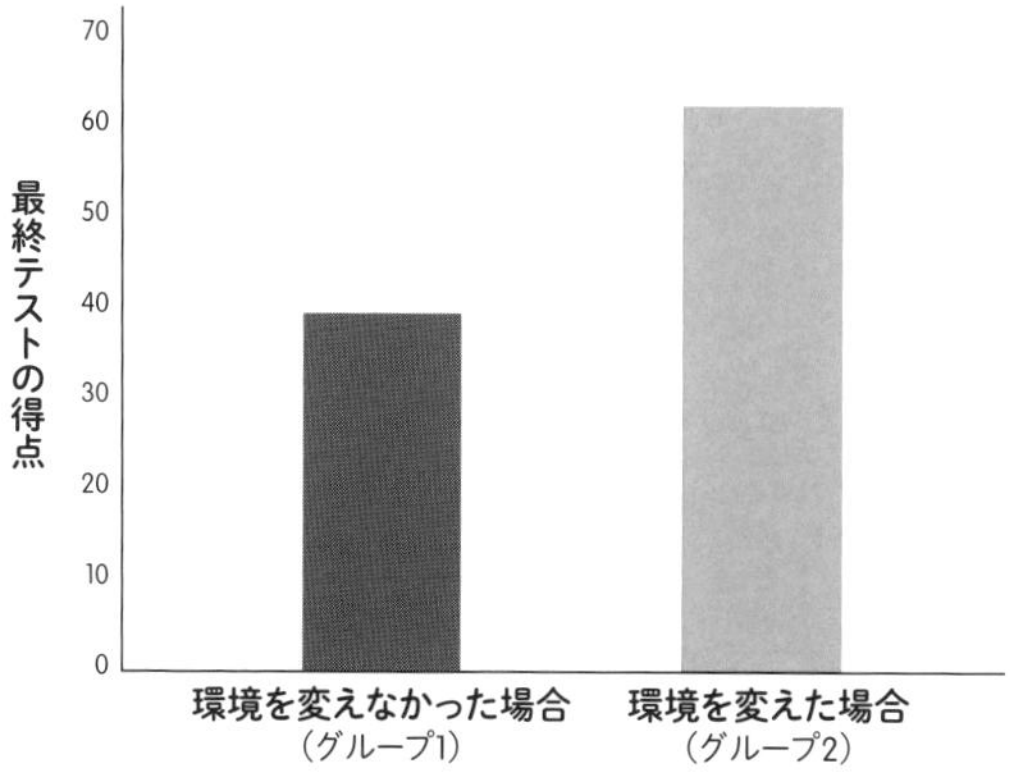

図1. 実験の結果［Smithら（1978）を改変］

参考文献: Smith, S. M., Glenberg, A., & Bjork, B. A. (1978) Environmental context and human memory. Memory & Cognition, 6, 342-353.

決まった順番ではなく、ランダムが効果的

研究25は、アメリカの研究グループが行ったものです。学生たちはまず40語の単語を覚える学習を行いました。単語を覚えるための学習は2回です。

また学生たちは2グループに分かれました。グループ1の学生たちは、2回の学習のどちらにおいてもまったく同じ環境で学習をしました。一方でグループ2の学生たちは、1回目と2回目では環境を変えて学習しました。

この実験でいう**環境とは、「勉強する場所」および「勉強方法」**のことです。学習が終わったあとに最終テストを行い、単語をどれくらい覚えているかを調べました。グループ1と違って、グループ2は場所と方法を「バラバラ」にしたわけです。

実験の結果、**学習する部屋や、単語を覚えるための方法を変えたグループ2の方が、グループ1よりも約1・5倍も高い得点をとりました**（研究25－図1）。

この実験が行われたあとに、環境をどのように変えればより効果が上がるのか

を調べるためにいろいろな実験が行われました。

その結果、環境を変えるとテストの結果が確かによくなることがわかりました。ただしいつでも成績が1・5倍にもなる、というわけではなく、もっと効果が小さくなる場合もありました。とはいえ、環境を変えて勉強することは、どちらかといえばよい結果を生み出すということは間違いありません。

さまざまなところで表れるバラバラの法則

もう1つ、勉強方法でバラバラの法則が成立することを示した実験を紹介します。この実験では、アルファベットの文字を並べかえて、意味がある単語をつくり出すという課題を行います。例えばこんな問題です。

・問題A 「ANLER」を並び替えて、意味がある単語をつくりなさい

正解は、LEARN（学ぶ）です。実験ではたくさんの単語を用意し、事前学

習においてこういった問題を3回に分けて解いていきます。このときに、2つの学習方法を試します。

方法1では何もバラバラにしません。つまり、事前学習時と最終テスト時に同じ問題が出てきます。例えば「LEARN」という単語が正解の場合、3回の事前学習時と最終テスト時ではどちらにおいても、問題A（ANLERを並び替えて意味がある単語をつくりなさい）が出されるということです。

方法2では、事前学習の内容と最終テストの内容をバラバラにしてしまう方法です。例えば3回の事前学習時ではそれぞれ、

・問題B「RELAN」を並び替えて意味がある単語をつくりなさい
・問題C「NERLA」を並び替えて意味がある単語をつくりなさい
・問題D「LAREN」を並び替えて意味がある単語をつくりなさい

といった問題に取り組みます。最終テストでは、問題A（ANLERを並び替えて意味がある単語をつくりなさい）が出題されます。つまり、事前学習と最終テ

ストでは出題される問題が違うのです。このように、文字を並び替えて単語をつくる課題で、学習方法を比較した例を紹介します。研究26を見てください。

研究 26
バラバラな問題を学習した方がいい？

方法 実験参加者は、文字を並べ替えて単語をつくる事前学習を3回に分けて行いました。

学習方法は、**方法1（1種類の問題を3回解き、それがテストに出る）**、あるいは**方法2（3種類の異なる問題を解き、テスト時にはそれらと異なった問題が出る）**、の2通りです。3回の事前学習のあと、最終テストを行いました。方法2による事前学習の方がテスト成績がよくなれば、バラバラの法則が成り立つといえます。

結果 **方法2で事前学習した方が、最終テストでよい成績をとりました**（図2）。

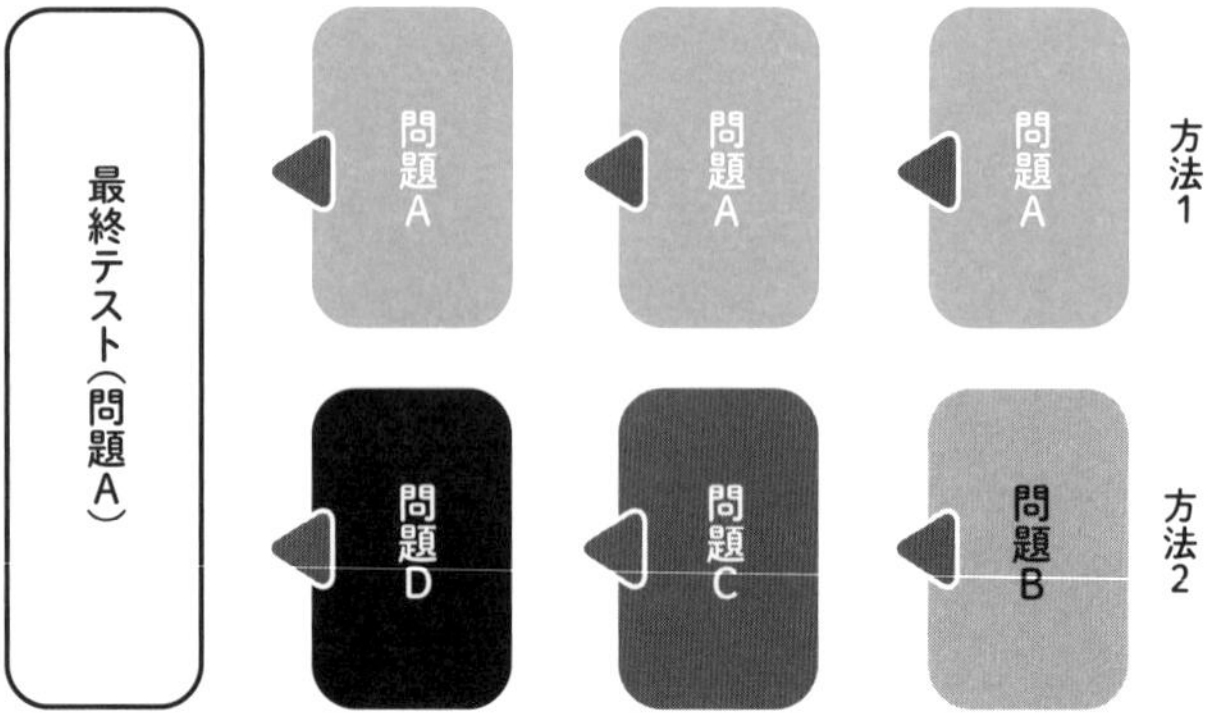

図1. 研究の手順

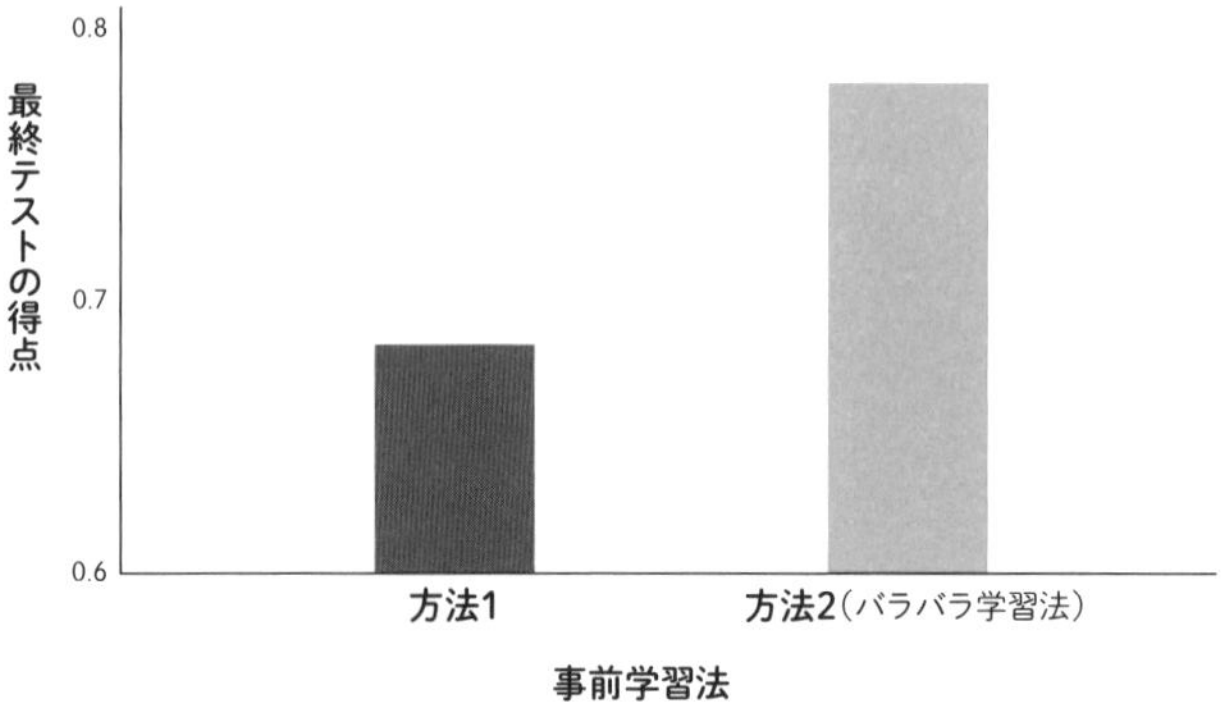

図2. 事前学習法とテスト得点との関係 [Gooderら(2008)を改変]

参考文献: Goode, M. K., Geraci, L., & Roediger III, H. L. (2008) Superiority of variable to repeated practice in transfer on anagram solution. Psychonomic Bulletin & Review, 15, 662-666.

さて、結果をみてみましょう。直感的には、最終テストで事前学習したものと同じ問題が出る「方法1」の方が最終テストの成績がよくなると思われるでしょう。**ところが意外なことに、内容が異なるバラバラの問題を解いた「方法2」で事前学習した方が成績がよくなりました**（研究26－図2）。

つまり、テスト時に勉強時と同じ問題が出るという幸運な場合よりも、成績が上がる勉強法があるという驚きの結果です。

この結果から、バラバラの法則における分散効果は、同じ教科であっても表れることがわかりました。

しっかり記憶したり理解したりするために同じ問題を何回も解く、という勉強方法が一般的です。しかし、分散効果をより効かせるためには、たとえ不安があったとしても、**どんどん違うタイプの問題にチャレンジした方がよい**のです。

手を動かすとよく記憶できる
――書いて学習することは、あらゆる教科に有効

昔のことになりますが、学生時代の私は歴史や国語、特に古文・漢文が得意で、大学入試でも得点源になってくれました。

その時は、こんな方法で勉強をしていました。

まずは、板書の内容や教科書、参考書を、声に出して読みながらノートに書き写すこと。歴史では、年号や人の名前、出来事を、古文や漢文では原文をまとめながら書き写しました。それも1回だけではなくて、時間の許す限り何回も。中学生のときに自分なりに考え出した勉強法でした。

実際はとても大変な勉強法ですし、試験範囲が広いと時間が足りなくなることもありました。それでも効果はバツグンでした。なぜ読みながら書き写すことが

その後のテストに効果的なのか、当時の自分にはそのわけがわかりませんでした。

しかし、その後の研究における発見から、この勉強法が効果的な理由が判明しています。その発見とは、**「手で文字を書くこと」と「読むこと」とは密接に関係している**、ということでした。

中国とアメリカのグループによる研究を紹介します。154ページの研究27を見てください。

研究

27

読む能力と書く能力の関係性

方法

多数の小学生（7～11歳）が実験に参加しました。

書く能力としては、多数の漢字を短時間にどれくらい正確に写して書けるかを調べました。

読む能力としては、多数の漢字を短時間にどれくらい正確に、かつ速く読めるかを調べました。

結果

手で文字を正しく書ける能力が、読む能力と強く関係していました（図1）。

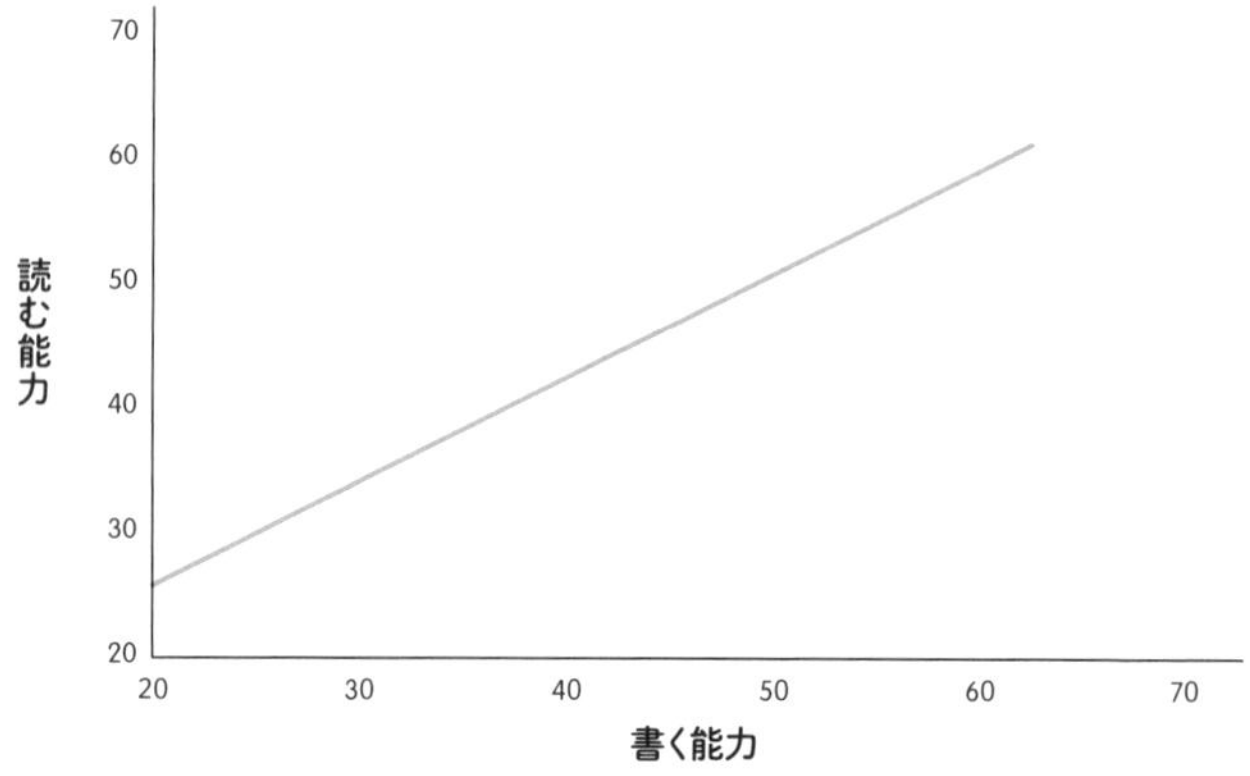

図1. 読む能力と書く能力の関係［Tanら(2005)を改変］

参考文献: Tan, L. H., et al. (2005) Reading depends on writing, in Chinese. PNAS, 102, 8781-8785.

歴史、語学、理科、すべての記憶に役立つ

実験結果（研究27－図1）から、正しい書き順でしっかりと漢字が書ける場合にはそれをよく読めて、正しく書けない人は上手に読むことができない、ということがわかります。私たちの**脳には「手の動き」に関する記憶が備わっており、その記憶がしっかりしていれば、読む能力も向上する**、ということです。よく読めれば理解度も高まり、よく記憶できるでしょう。

歴史や古文で私の勉強法がうまく働いた理由は、この「手の動きの記憶」を活用したからなのです。最近行われたいろいろな研究から、手を動かすことの効用は、もっと広いことがわかっています。例えば、**理科や算数（数学）の場合。教科書や参考書に出ている図やイラストを自分で描き写すだけで、それに関する記憶や理解が深まる**ことがわかっています。このように、手を積極的に動かす方法は歴史や語学だけでなく、その他の教科でも有効活用できるのです。

次項では、書く時に欠かせない「ノート」がどのように役立つか、それを解説しましょう。

ノートを使った効果的な勉強法

――ノートの書き方と使い方

前項で紹介した研究27から、書く能力の高さはその他の能力と密接に関係していることがわかりました。つまり、**書く能力が高まると、一見すると別の能力、例えば読む能力も同時に高まる**、ということです。

古文が苦手であれば、その原文をノートに書いてみてください。理科が苦手であれば、教科書や参考書のイラストや図をノートに描いてみてください。手を動かすだけで理解度は深まっていくのです。歴史であれば、ノートに年号や出来事を何回も書くことにより、よりしっかりと記憶することができるでしょう。

では、このようにノートを使った勉強はどれほど効果的でしょうか？　またノートを使う場合、どのような点に気をつければよいでしょうか。この点を実験的に調べた研究28を紹介しましょう。

研究

28 ノートを使った学習効果はテスト効果並み？

方法

大学生が実験に参加しました。テキストを使って生物に関する事前の勉強を行った後に、1週間後に最終試験を受けました。

事前勉強の方法により、実験参加者を3グループに分けています。

グループ1はノートを使った勉強をします。テキストを丸写しするのではなく、できるだけ自分の言葉でまとめたものを、ノートに書き写していきます。

グループ2は、すでにおなじみのテス

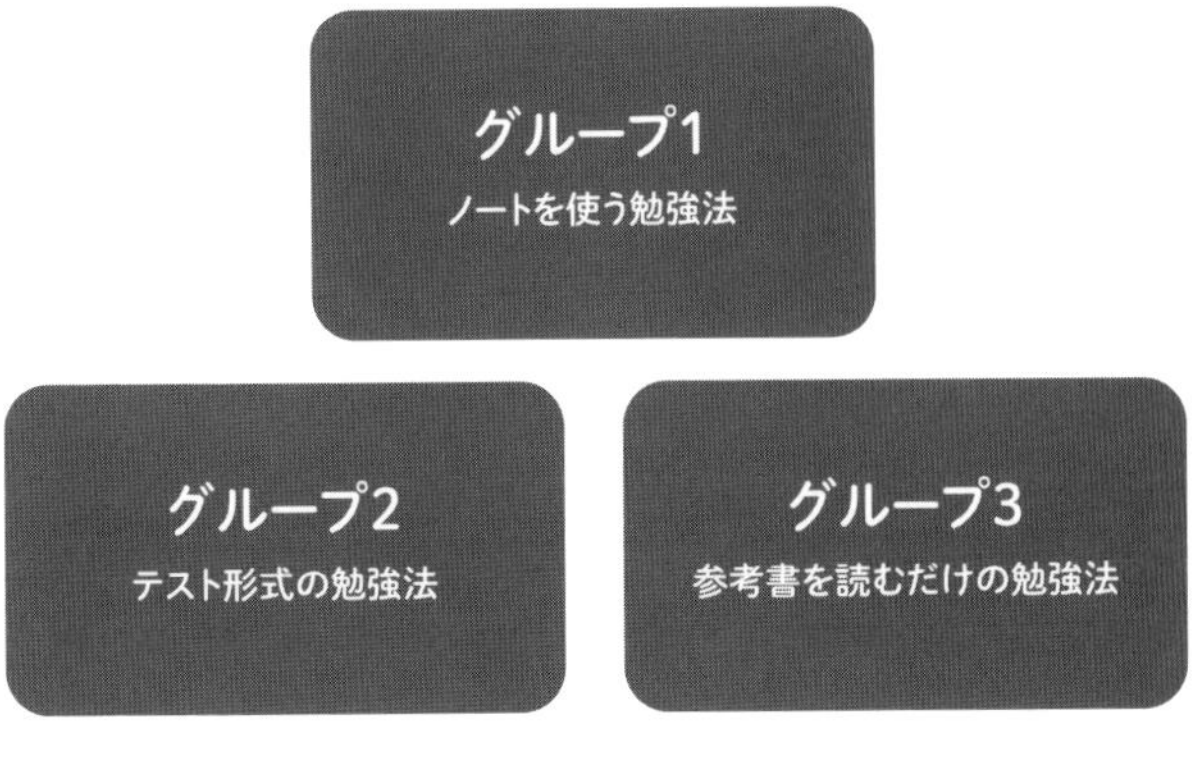

図1. グループの分類

ト効果（第2章124ページ参照）を使った勉強方法です。テキストの内容について、単語カードを使って学習します。

グループ3は、テキストを何回も読み直すという方法のみで学習しました。

結果

実験の結果、**ノートを使った勉強法とテスト効果を利用した勉強法のどちらも効果的である**ことがわかりました（図1）。

一方で、テキストを読むだけでは成績はあがりませんでした。

また、**別の実験から、ノートを使いながらテスト形式で学習するとさらに効果的である**こともわかりました。

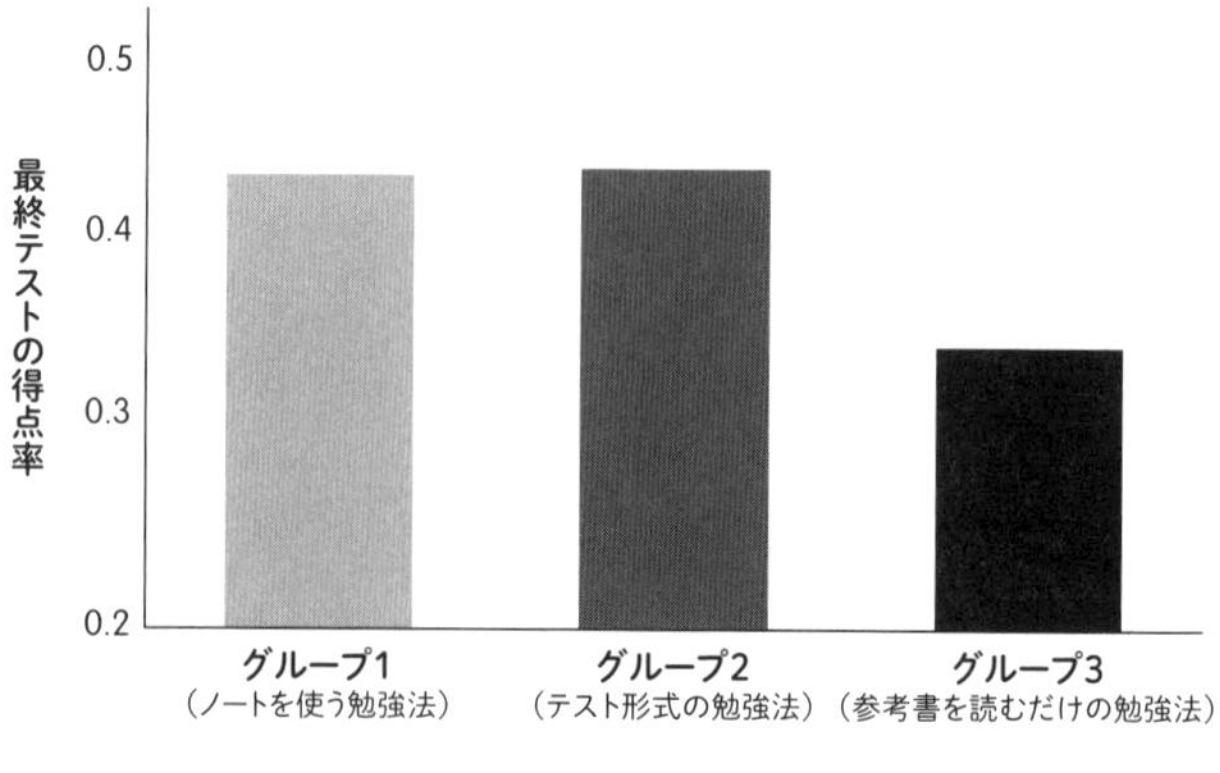

図2. 勉強法別の得点率［Rummerら(2017)を改変］

参考文献: Rummer, R. et al. (2017) Is testing a more effective learning strategy than note-taking? Journal of Experimental Psychology: Applied, 23, 293-300.

ノートは書き足したり書き写すのが秘訣

研究28－図2から、ノートを使う勉強方法は、最も効果的な勉強法の一つであるテスト効果を利用した方法と同じくらい有効であることがわかりました。この研究が教えてくれる効果的なノートのとり方、および使い方は次の通りです。

【ノートのとり方】

板書を丸写しするだけでは不十分。自分で調べたことを書き足したり、自分の言葉でまとめてみたりする。

【ノートの使い方】

書いたノートを読むだけでは不十分。そのノートをさらに書き写したり、部分的に隠して思い出せるかをテストしてみたりする。

算数・数学はイメージ化がポイント

――イメージによる数の大小の理解

算数や数学の試験でよい点数がとれる人は、何が得意なのでしょうか。**算数全般の成績がよい人は、数の大小がより正確により速くわかる**、ということが知られています。この傾向は小学生でも大学生でも共通してみられます。数の大小が素早く判断できる能力は、数学全般の能力につながっているのですね。

ところで、小学校で習う内容の一つに「分数」があります。分数の考え方は高校や大学で習う数学にも必要ですから、とても大事です。分数の大小が正確にわかるということは、例えば研究29-図1の問1のような問題が正しくできる、ということになります。しかし最近の研究から、**算数（数学）の成績がよい人は、分数を含めた数の大小の問題をイメージ、つまり見た目だけを使って解くことも得意である**ことがわかってきました。研究29を見てください。

研究

29

得意な人はイメージでとらえている？

方法

小学5年生に、分数の大小を答えてもらいます。

問1のように通常の数式を使うタイプの問題や、問2のようにイメージを使って大小を考える問題を出します（実は問1と問2は、全く同じ問題です）。こうした問題をたくさん解いてもらい、得点を出します。

また一方で、算数の共通テストを受験してもらいます。

問1　どちらが大きい？

$\frac{13}{15}$　　$\frac{8}{12}$

問2　ボールを1つとるとします。緑色のボールをとる可能性はどちらが高い？

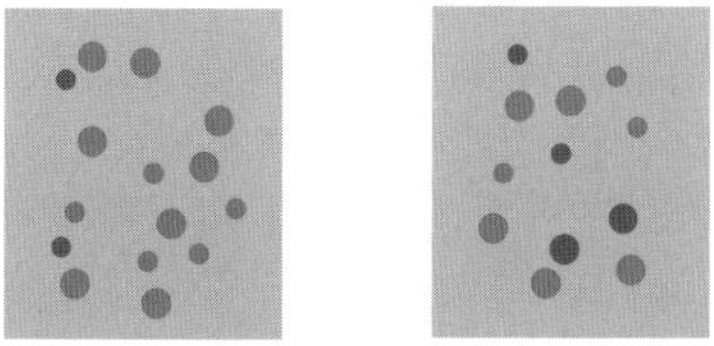

図1. 数式（問1）とイメージ（問2）による分数の大小［Fazioら（2014）を改変］

参考文献: Fazio, L. K. et al. (2014) Relations of different types of numerical magnitude representations to each other and to mathematics achievement. Journal of Experimental Child Psychology, 123, 53-72.

結果

問1のような通常の数式を使った問題がよくできた人は、共通テストの成績も高くなりました。また問2のようなイメージを使った問題がよくできた人も、共通テストの成績が高くなりました。

その一方で、通常の数式問題の得点とイメージ問題の得点の間には関係がありませんでした（図2）。

別の研究から、イメージ問題の得点が高い人は、数学全般の能力がより高いことがわかっています。

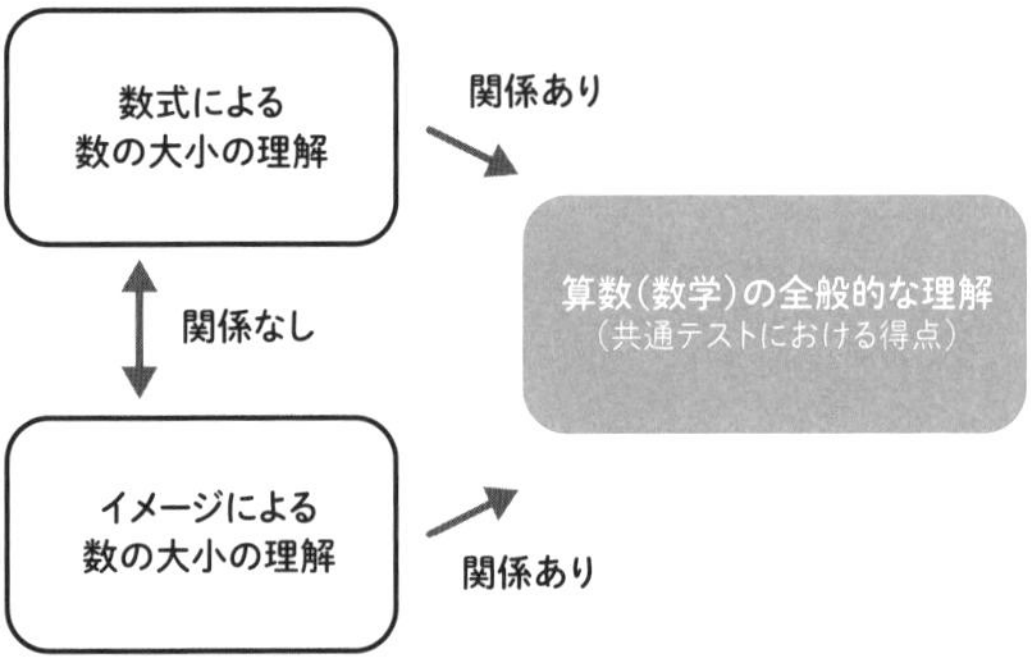

図2. 数の大小の理解と算数（数学）の理解との関係

参考文献: Matthews, P. G. et al. (2015) Individual differences in nonsymbolic ratio processing predict symbolic math performance. Psychological Science, 27, 191-202.

通常の数式を使って問題を解くことができれば、共通テストでそれなり高い点数をとることができました。しかし、**イメージを使うのが得意な人は、共通テストにおいてさらに点数をつみあげることができた**のです。算数や数学が苦手な人は、意識して数字をイメージで考えてみるとよいでしょう。

例えば、棒のイメージを使って円周率（3・1415……）を表してみましょう。「円周率＝円周÷直径」ですね。ですから、円周率のイメージは図Aのようになります。緑色の棒を分母、灰色の棒を分子とイメージすると、なぜ円周率が3くらいなのか、わかった気がしませんか？

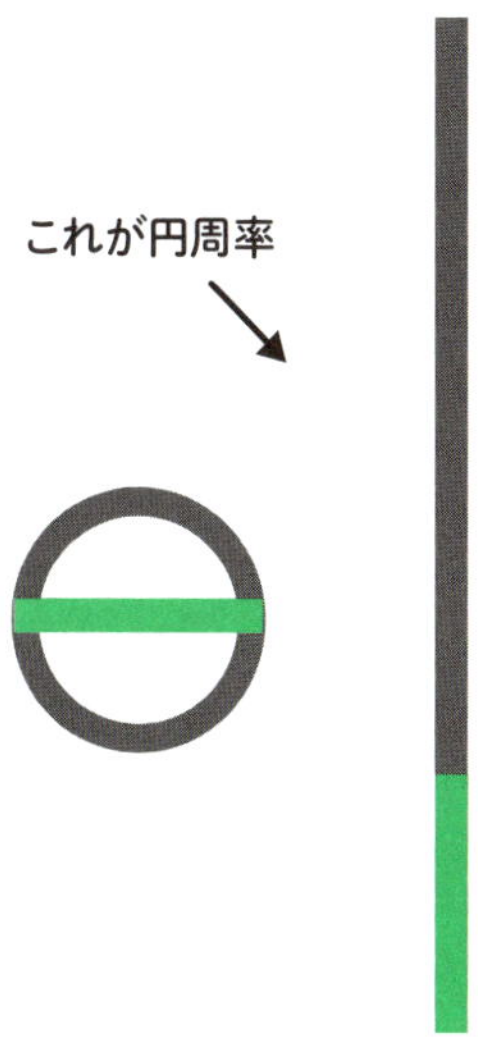

図A. 円周率のイメージ

学習する順番と記憶の関係

――〝系列位置効果〟を活用して定着率アップ

英単語を記憶する場合、ＡＢＣとアルファベット順に覚える人はあまりいないと思います。はるか昔の英単語帳はＡＢＣ順に並んでいたそうですが、私が学生だった30年も前から、英単語帳は試験に出やすい順番に並べられているものが一般的でした。

では、ＡＢＣ順に並んだ単語帳を使うと、どうなるでしょうか。単語帳をいつも最初から覚えようとするなら、Ａから始まる単語ばかり覚えてしまいそうな気がしませんか？　そう感じたとしたら、半分正解です。

英単語に限らず、**勉強する順番は、どれくらいそれがしっかり記憶されるかということと強く関係しています**。では、順番と記憶にはどのような関係があるでしょうか？

学習の順番と記憶の関係ははっきりしている

実験心理学の授業でよく行われる実験の１つに、「系列位置効果」といわれるものがあります。ある実験では、パソコンを使って10個程度の単語を順番に学習します。５秒ごとに次々と画面に現れる単語を覚えていきます。10個の単語の学習にかかる時間は50秒です。学習後、すぐにテストが行われます。このテストでは、２分程度の間に、今覚えた単語をできるだけたくさん書き出します。

すると多くの場合、１６７ページの研究30－図１のような結果が得られます。これは私が実際に実験を行ったときの結果で、系列位置効果の典型的な例です。**最初の方に出てきた単語とあとの方に出てきた単語がよく覚えられています**。一方、**真ん中あたりの単語はほとんど覚えていません**でした。**このような順番の効果を「系列位置効果」**と呼びます。１００年以上前に報告されたものです。

この実験結果から学習の順番は重要だといえそうですが、学習時間が50秒、テスト時間が数分という短いものであり、日常の学習とは全然様子が違っています。

期末試験や入学試験では、もっと長い時間を学習にかけますし、学習とテストの間隔があいてしまうことがあります。そうした場合にも、やはり学習の順番は重要でしょうか？　もう30年以上前になりますが、アメリカでとても興味深い研究が行われました。研究30をみてみましょう。

研究
30
学習の順番と成績の関係

方法　実験参加者（アメリカの大学生、254名）に、アメリカ合衆国大統領の名前、およびその大統領が何代かを書き出してもらいました。

結果　アメリカ合衆国の建国時期と実験を行った時期の大統領に関して正答率が高くなりました（図2）。また、有名な大統領（第16代リンカーン大統領）の正答率も高くなりましたが、この結果は典型的な系列位置効果ではみられません（図1）。

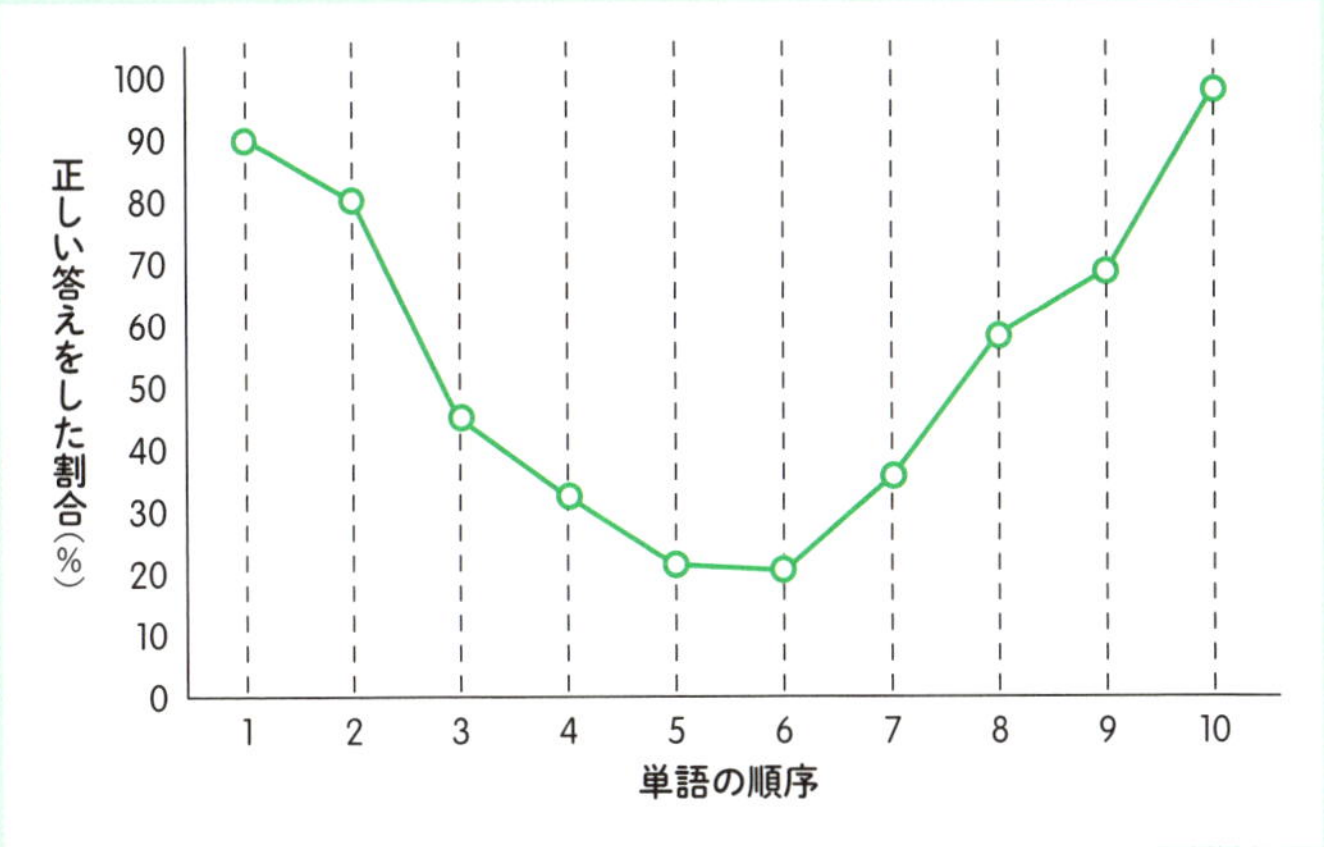

図1.典型的な系列位置効果

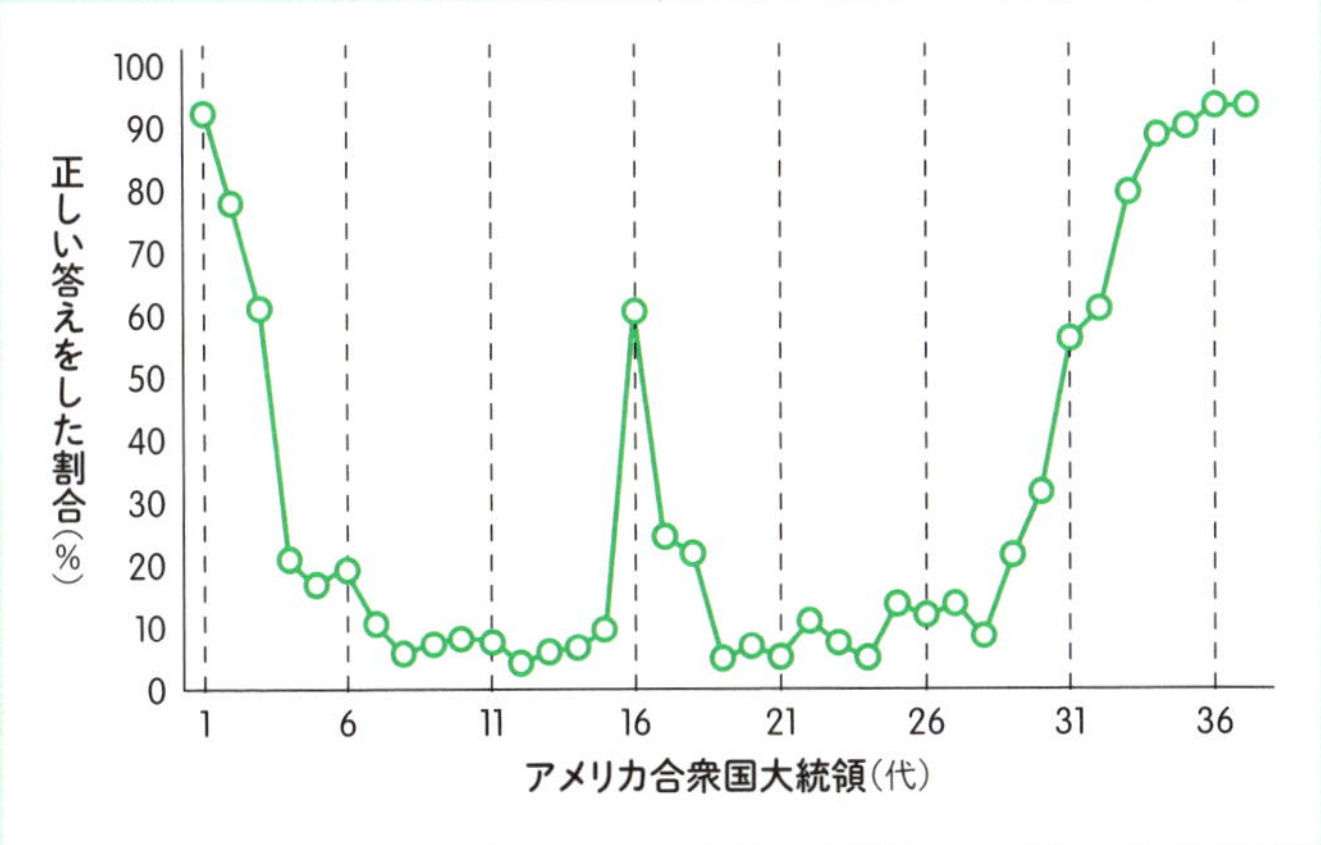

図2. アメリカ合衆国歴代大統領に関する正答率[Roediger & Crowder(1976)を改変]

参考文献: Roediger III, H. L. & Crowder, R. G. (1976) A serial position effect in recall of United States presidents. Bulletin of the Psychonomic Society, 8, 275-278.

記憶するには順番が大事

この研究では、実験参加者に、アメリカ合衆国大統領の名前とその大統領が第何代かを答えさせました。結果（研究30－図2）をみると、アメリカ合衆国の建国時期の大統領と、実験が行われた時期の大統領について正答率が高くなりました。研究30－図1と研究30－図2は形がよく似ていますね。歴史を学習する場合には、普通は古い年代から勉強していきます。この結果から、やはり**何かを記憶する場合にはその順番が重要であり、最初と最近に学習した事柄がよく覚えられている**ことがわかります。

ただし、研究30－図2の結果には1つ注意点があります。それは、覚えにくいはずの真ん中に位置する大統領の正答率が際立って高いことです。この大統領は、みなさんもご存じのエイブラハム・リンカーン（第16代）です。リンカーン大統領は南北戦争や奴隷解放宣言などでとても有名ですね。これは、順番の効果だけではなくて、歴史の授業において学習した量が関係しているのかもしれません。

真に「順番」だけの効果を知るには、学習量が同じ題材で実験する必要があります。

学習量がまったく同じとき、系列位置効果は有効？

「ほんとうに学習の順番の効果はあるのか？」という疑問に取り組んだ心理学実験を紹介します。

それでは、170ページの研究31をみてください。研究者が選んだ題材は賛美歌です。ある宗派では、歌詞が6番まである賛美歌を、すべて通して歌うことになっています。1番だけしか歌わない、といったことは絶対にありません。ですから、この宗派の人たちにとっては、歌った回数は歌詞の1番でも6番でも同じということになります。

実験ではこの宗派の人たちに、賛美歌の歌詞を順番通りに並べてもらう課題を行いました。歌詞の各番を別々のカードに書き、6枚のカードを正しい順序に並べます。系列位置効果は表れるでしょうか？

研究

31

系列位置効果と学習量の関係は？

方法 歌詞が6番まである賛美歌（全18曲）を用意して、各番の歌詞をカードに書き出します。その賛美歌に親しんだ宗派の人たち（27名）は、カードを正しい歌詞の順に並べる課題に取り組みました。

この宗派では、賛美歌を必ず1番から6番まで通して歌うので、歌詞の学習量は何番かによらずまったく同じです。

結果 歌詞が書いてあるカードを、正しい順番に並べられた割合は、1番の歌詞の

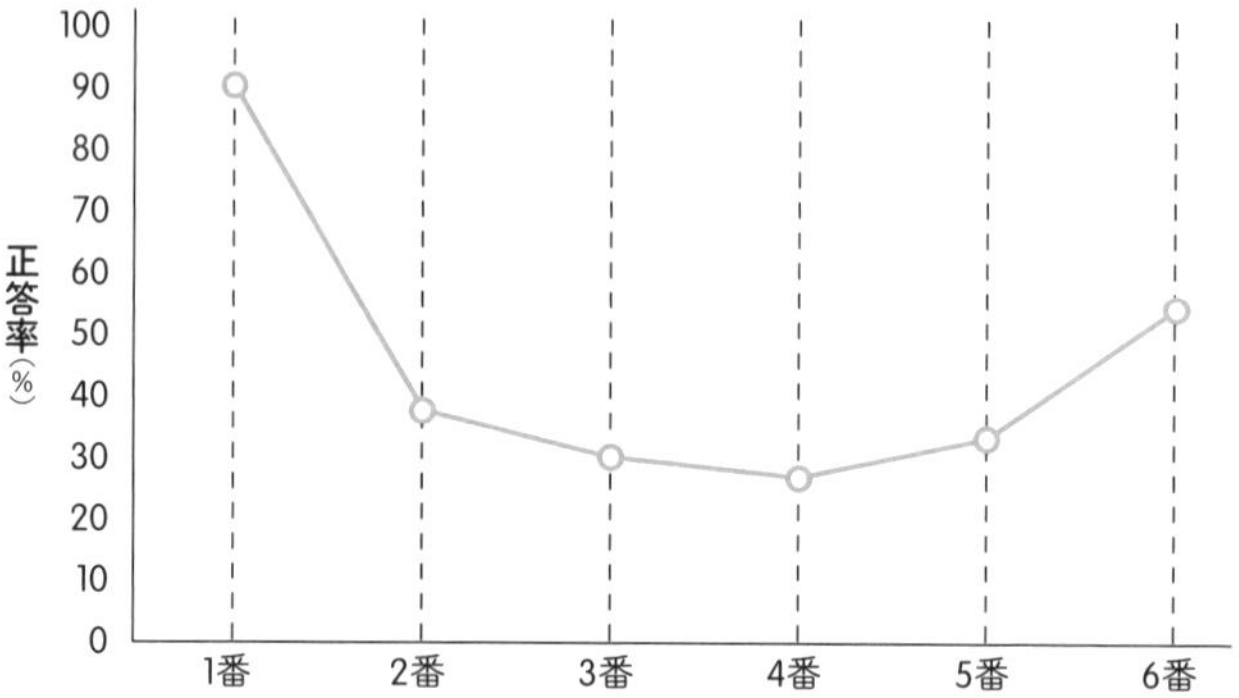

図1. 歌詞カード選択における系列位置効果［Maylor(2002)を改変］

参考文献: Maylor, E. A. (2002) Serial position effects in semantic memory: Reconstructing the order of verses of hymns. Psychonomic Bulletin & Review, 9, 816-820.

正答率が最も高く、続いて6番の歌詞という順番になりました（図1）。

つまり、**最初の歌詞と最後の歌詞をよく覚えているという、系列位置効果が表れました。**

重点項目は、最初か最後に学習

実験の結果（研究31－図1）、課題の正答率は、2番から5番の歌詞よりも、1番と6番の歌詞の方が高くなりました。歌った回数は同じであっても、その順番に関しては、最初と最後の歌詞をよく記憶していたということです。

歌った回数は学習した量と同じことですから、この結果は、**たとえ学習量が同じであっても系列位置効果が表れる**ことを意味しています。やはり、最初と最後は特別なのです。

なぜ系列位置効果が生じるのでしょうか？

1つの可能性は、前後に学習した事柄との「混同」です。中間で学習した内容は、その前後に学習した内容と近いはずです。大統領名はよい例ですね。ですので、混同が起こりやすくなります。

しかしながら、最初に学習した事柄は、それより前に学習した事柄と内容がまったく違っている可能性が高いでしょう。例えば、国語のあとに理科を学習する場合のように、科目が違うなどです。つまり、学習や記憶の混同が生じにくいのです。これは、最後に学習した事柄にも同じことがいえますよね。

系列位置効果を利用するには、しっかり記憶したい項目を最初や最後に学習すればよい、ということになります。一方で、167ページの研究30－図1を見てもらうとわかるように、真ん中あたりで勉強した内容は、ほとんど頭に残らない可能性もあるのです。

ふだんの勉強にも、この系列位置効果を応用することができます。

最初と最後だけではなく、全部の項目をもらさず記憶したい場合は、毎回同じ順番で学習するのではなくて、順番を変えていけばいいのですね。系列位置効果をうまく利用して、効率的な勉強ができます。

第3章

実践的な勉強法

メンタル編

興味をもたせるにはどうしたらよいか？

——自分で選ぶと興味をもつ

学年が上がり、学習内容が難しくなるにつれて、教科に興味を持てなくなる児童・学生もあらわれます。とくに小学校高学年における算数、中学校における数学に対して興味をなくす割合が高く、これはどこの国でもみられる現象です。興味をもたせるにはどうしたらよいでしょうか？

学業に対する興味は、その対象に出会った瞬間に表れるわけではなく、研究32－図1のように徐々に形成されていきます。**状況的興味とは、教科そのものに対してではなく、それに関連したものに対する興味が元**になっています。例えば参考書のデザインがきれい、とか（歴史や国語であれば）その話をマンガで読んだことがあるといったことに基づいて興味を持つことです。市販の小学校低学年の教材には、いろいろなキャラクターが出てくるものがあります。こうしたキャラクターは状況的興味をひくためなのです。**個人的興味とは、教科そのものに対して抱く興味**です。どうしても個人的興味が持てない場合、人間の心理的特性を利用することができます。それは**「人は自分で選ぶと興味を持つ」という特性**です。

研究

32 教材を自分で選ぶと興味がわく？

方法

数学の授業において、中学生（1年～3年生、736名）が実験に参加しました。**あるグループには6種類の教材から1つを選ばせました。**この教材には、アーティストやゲームキャラクター、スポーツ選手などが登場します。例えば、「リアーナ（世界的な人気歌手）がこの音楽イベントに出る確率は？」といったように、工夫した形で確率の問題が書かれています。別のグループでは、全く同じ確率の問題が、通常の教科書形式で書かれた教材が渡され、それを使い勉強しました。つまり、**このグループには教材選択の機会はありません。**そして、勉強前後でど

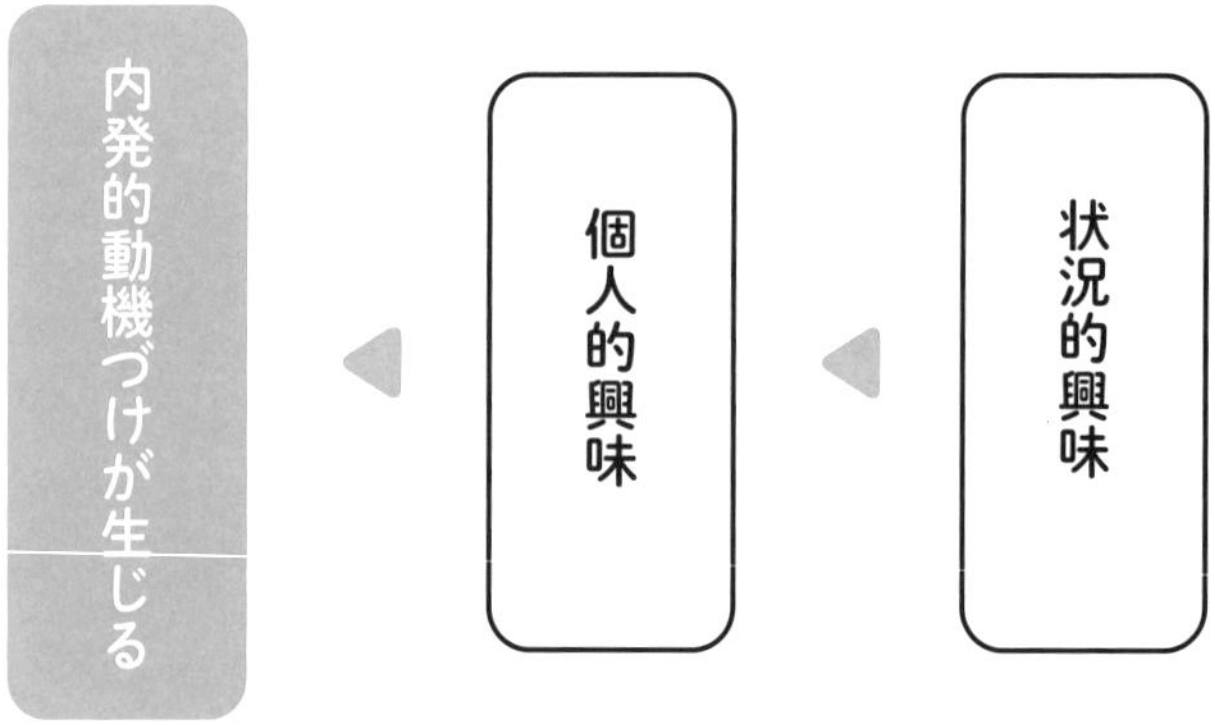

図1. 興味の形成のされ方

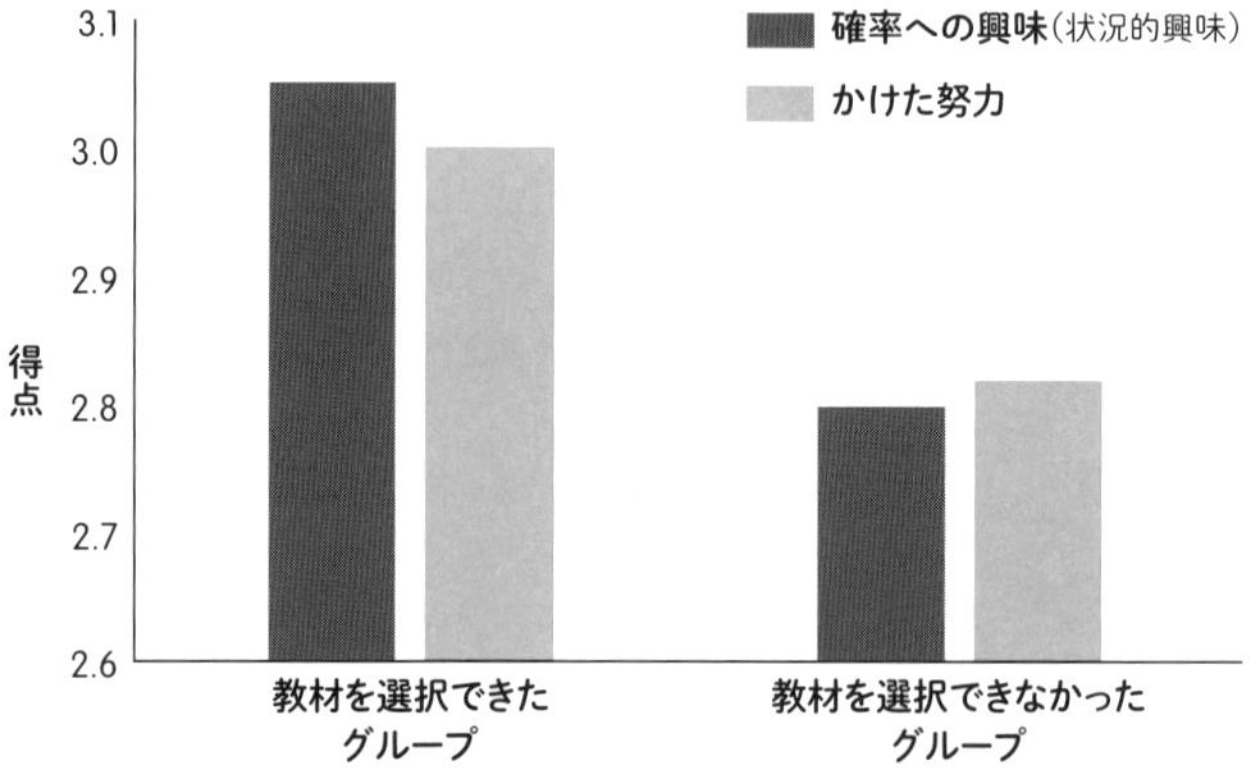

図1. 教材選択と得点との関係[Høgheim & Reber(2015)を改変]

参考文献1: Hidi, S. & Renninger, K. A. (2006) The four-phase model of interest development. Educational Psychologist, 41, 111–127.
参考文献2: Høgheim, S. & Reber, R. (2015) Supporting interest of middle school students in mathematics through context personalization and example choice. Contemporary Educational Psychology, 42, 17–25.

れほど興味を持っているか、どれほど確率の勉強に力を入れたかを問いました。

結果　教材の選択肢がなかったグループと比較すると、**教材選択を行ったグループは、確率に対する状況的興味が増加**していました。また、**学習においてより努力した、という気持ちが強くなっていました。**こうした効果は、最初は数学（確率）に興味がなかった生徒においてのみ表れました。

自由に選ばせてみると効果的

たとえ同じ数学の問題であっても、それがどのように表現されているかによって、興味の強さは変わります。また、そうした教材を自分で選択できることもポジティブな効果があります。別の研究から、通常の教材が複数ある場合、その中から自分で選ぶだけで、より興味を持つようになることがわかっています。**どうしても興味が持てない場合は、子供に自分で教材を選ばせてみるとよい**でしょう。

プレッシャーに弱いのはなぜ？

——ワーキングメモリーの働きが重要

テストの前、特に期末試験や入学試験といった重要なテストの前にはプレッシャーがかかり、強い不安や緊張を感じてしまうものです。「頭が真っ白になる」「頭がパニックになる」状態ですね。ふだんなら解けていたはずの問題がテストのときできなかった、というくやしい経験を持つ人もいるでしょう。

黒板を前にして問題を解いたり、みんなの前で音読したりするときにも、プレッシャーに襲われて力が発揮できなかったことがあるかもしれません。プレッシャーに負けないためにはどうしたらよいでしょうか？

この難問に取り組むためにまずやるべきことがあります。

それは、プレッシャーによって問題が解けなくなる理由を科学的につきとめることです。理由がわからなければ、問題を解決する方法は見つかりません。私たちは、いくつかの「記憶装置」を脳の中に持っています。数学の公式や英単語の意味を何年ものあいだ覚えておくために必要な記憶装置を「長期記憶」と呼びます。自転車の乗り方や泳ぎ方のように体で覚える記憶を「手続き記憶」と呼びます。そして**「ワーキングメモリー」と呼ばれる記憶装置は、短い間（例えば数秒）重要なことを記憶するために使われます**。

例えば、(22－10)÷6という式を暗算してみましょう。まずは22－10を計算し、その結果＝12を頭の中に思い浮かべるでしょう。でも、割り算をして答えを出したあとには、12という数字のことはすっかり忘れているはずです。

このように、必要なことをごく短時間覚えるために使われている記憶装置がワーキングメモリーです。人と会話をしているときにもワーキングメモリーは活躍します。ほんの少し前（例えば数秒前）に人が話した内容を覚えているからこそ、私たちはそれに関係した話が続けられるのです。ワーキングメモリーが働かず、人が話した内容をすぐに忘れてしまうと想像してください。会話は全く続かないでしょう。ワーキングメモリーはとても重要な記憶装置なのです。

そこで、「なぜプレッシャーがかかるとテストの点数が悪くなるのか？」という疑問に挑戦した研究33を紹介します。

研究

33 学習後には何をするべき？

方法

ワーキングメモリーの能力には個人差があり、その能力は前もって調べることができます。

そこで実験参加者（大学生93名）をワーキングメモリー能力の高いグループと低いグループに分け、2回のテスト（難しい計算問題）を行いました。

1回目のテストでは全くプレッシャーをかけず、「がんばって」とだけ伝えます。

2回目のテストでは、「よくできたらお金をあげる」「でも失敗したら、自分だけでなくペアを組んだ友人もお金をもらえない」「テストの様子は先生が見ている」などプレッシャーをかけます。

結果

プレッシャーがないテストでは、ワーキングメモリー能力が高いグループが高い点数をとりました。

プレッシャーがかかったテストでは、ワーキングメモリー能力が高いグループの点数は大きく低下する一方、ワーキングメモリー能力が低いグループの点はほぼ変わりませんでした。

テスト後、どちらのグループもプレッ

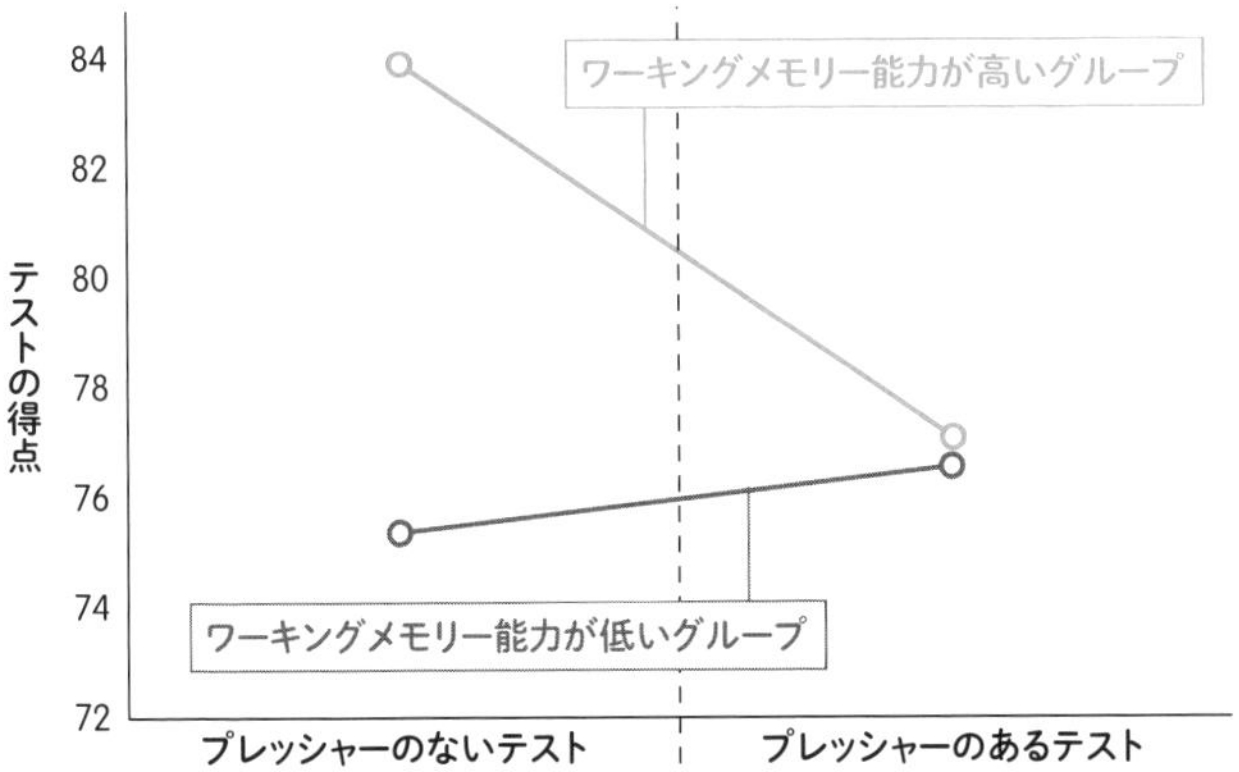

図1. ワーキングメモリーとテストの得点との関係[Beilock & Carr (2005)を改変]

参考文献: Beilock, S. L. & Carr, T. H. (2005) When high-powered people fail: Working memory and "choking under pressure" in math. Psychological Science, 16, 101-105.

シャーを感じたと答えました。以上から、プレッシャーで、ワーキングメモリーだけがダメージを受けることがわかりました。

プレッシャーでワーキングメモリーが低下する

プレッシャーがかかると、私たちは緊張や不安を強く感じます。そんなとき、このワーキングメモリーが働かなくなるのです。

この実験では、ワーキングメモリーの能力が高い参加者と低い参加者に分け、プレッシャーをかけた状態で数学のテストを行いました。

普通に考えると、ワーキングメモリーの能力が低い参加者の方がプレッシャーに弱く、テストの点数が下がりそうです。

ところが意外なことに、ワーキングメモリーの能力が高い参加者ほど点数が低下することがわかりました（研究33－図1）。

つまり、**プレッシャーにより不安を感じた結果、「頭が真っ白」になりテストの点数が低下してしまうのは、ワーキングメモリーが働かなくなる**からなのです。

他の研究グループが行った実験によると、数学以外のテストでも同じ結論になりました。ワーキングメモリーは、数学や英語などの問題を解くときに必要な事柄をごく短い時間覚えておくために使われます。

ワーキングメモリーが働かなくなると、まさに「頭が真っ白になった」ように感じてしまうのです。

不安を書き出す効果（その1）

――プレッシャーを感じたら紙に書き出す

いい点をとりたい！　合格したい！

テスト前に誰もが持つこんな気持ちがプレッシャーになり、ふだんなら簡単に解ける問題すら解けなかった……。

そんな経験がある人もきっといるでしょうし、子供にもそうした場面は多く訪れるはずです。

人はプレッシャーを感じると、「できなかったらどうしよう、失敗したらどうしよう」という不安感が強くなり、日頃の力が発揮できなくなりがちです。

１８０ページの研究33では、プレッシャーによりどうして頭が真っ白になるのか、その理由を調べた心理学実験を紹介しました。

実験の結果から、プレッシャーからくる緊張や不安を感じると、「ワーキングメモリー」と呼ばれる脳の記憶装置がきちんと働かなくなることがわかりました。

では、**テスト前に感じる強い緊張感や不安感に打ち勝つ方法はあるでしょうか？** この難問に取り組んだ研究を紹介しましょう。

臨床心理学と呼ばれる学問分野では、不安感を取り除く方法がいろいろと考えられてきました。その中の1つに、**不安に感じたりつらく思ったりすることをしっかりと見つめ直し、長い間にわたって感じたことを書きとめる**、という方法があります。これはとても効果的であることがわかっています。

不安感を書きとめることで気持ちを落ち着かせる方法はテストのときにも効果があるでしょうか？ 186ページの研究34をみてみましょう。

研究

34 不安を書き出す効果

方法 実験参加者を3グループ（A、B、C）に分けて、3グループともに2回の数学のテスト（ワーキングメモリーが必要なテスト）を受けました。

1回目のテストでは全くプレッシャーをかけず、「がんばって」とだけ伝えました。

2回目のテストでは、「よくできたらお金をあげる」「でも失敗したら、自分だけでなくペアを組んだ友人もお金をもらえない」「テストの様子は先生が見ている」などいろいろなプレッシャーを全員にかけました。

プレッシャーをかけたあと、グループAはそのままテスト問題を解きました。グループBは、テスト直前の10分間に、テストとは関係のない日常の生活などについて記述しました。**グループCは、テスト直前の10分間にテストについて感じている不安について記述**しました。実験参加者は67名の大学生です。

結果

どのグループもプレッシャーがないテストの結果には全く差がありませんでした。

ところが**プレッシャーがかかったテストでは、不安について書き出したグループCの成績が上がる**一方、何もしなかったグループAと、テストとは関係ないことを書き出したグループBの成績は低下しました。

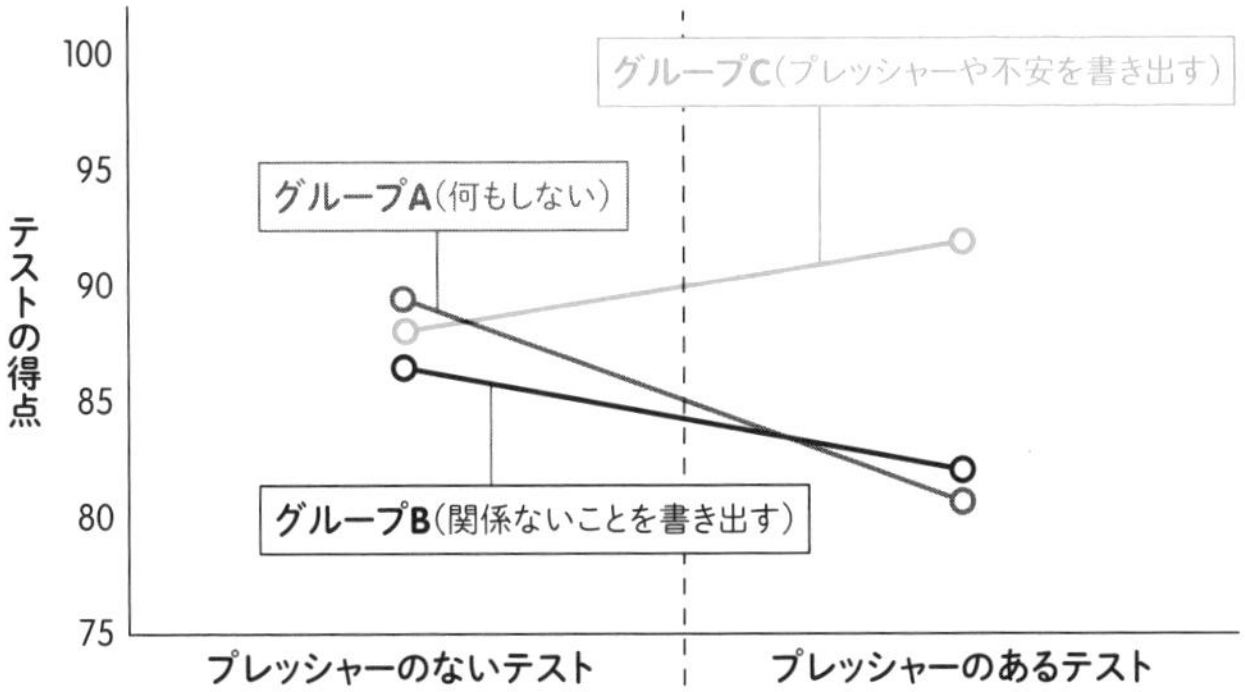

図1. プレッシャーの有無とテストの得点との関係[Ramirez & Beilock(2011)を改変]

参考文献: Ramirez, G. & Beilock, S. L. (2011) Writing about testing worries boosts exam performance in the classroom. Science, 331, 211-213.

不安を客観的にとらえる

研究34－図1をみると、プレッシャーのかかるテスト前に不安について書き出しを行ったグループの得点は上昇し、書き出しを行わなかったグループよりもよい結果を出すことができました。またこの方法は、テストに対して強く不安を感じる参加者に対して、より効果がありました。

この結果から、**テスト前に不安感を書き出すという作業をするだけで、不安や緊張が弱まり、ワーキングメモリーをしっかりと働かせることができる**ことがわかりました。

この実験が教えてくれるもう1つの重要な点は、不安を感じているときに、それから目をそむけたり無理に忘れようとしたりしない方がよい、ということです。意外に思えますが、不安感と向き合うことがよい結果につながるのです。

なぜ書き出すことで不安感が減少するのでしょうか？　それは、**自分の心の中**

でうずまいている不安な気持ちを文章にしてしまうことにより、その気持ちがあたかも他人事であるかのように作りかえられてしまうからなのです。

そのために、主観的であったはずの不安な気持ちを、まるで小説を読むように、客観的にとらえることができるようになるのです。

とても不愉快なことがあったときや不安なことがあったとき、その内容をメールや日記などに書いていると、いつのまにか気分がすっきりしたといった経験はありませんか？　そんなときには、実は同じ原理が働いていたのです。

不安を書き出す効果（その2）

──見守る大人も不安を解消しよう

前項「不安を書き出す効果（その1）」で、プレッシャーによる不安な気持ちを書き出すと大事なテストにおいて数学の点数があがった、という実験を紹介しました。

最近、この研究34とほぼ同じ実験を行った研究者たちは、テストの点数が上昇するという効果をみつけることができませんでした。では、不安を書き出す方法に効果がないかというと、そうではありません。

この実験において使われたネガティブな気持ちを書き出す手法（expressive writing，心中を表出するライティング）が、メンタル面において効果的であることは、多数の研究から実証されています。

アメリカの心理学者ペネベイカーが考案したこの手法では、直面しているストレスフルな問題について、自分の考えや気持ちを自由に書き出します。誰かに読ませる目的ではないため、文章はどんなに下手でもよいし綴りの誤りなどを気にする必要はない、と書き手には伝えます。

1日に15～30分程度の筆記を数日間続けると、心の病の症状の改善や健康増進といった効果がみられるのです。

前項で紹介した実験では、そもそもテストにプレッシャーを感じていない実験参加者にプレッシャーをかけるトリッキーなものでした。しかし、実際にテスト、特に算数(数学)のテストに強い不安を感じる生徒も少なからずいることがわかっています。こうした傾向を持つ生徒に事前に不安を書き出させると、算数(数学)のテスト成績がある程度上昇することは確認されています。

参考文献1: Camerer, C. F. et al. (2018) Evaluating the replicability of social science experiments in Nature and Science between 2010 and 2015. Nature Human Behaviour, 2, 637-644.
参考文献2: Pennebaker, J. W. (1997) Writing about emotional experiences as a therapeutic process. Psychological Science, 8, 162-166.

この手法は中学生以上には効果がありますが、小学生にとっては文章を書くこと自体が重荷になるかもしれません。そうした場合は、**自分の気持ちを話すだけでもよい**のです。大人にとって、自分が抱えるネガティブな気持ちを他者に話すのはためらわれることもあり、「書く」という行為が有効です。

しかし、小学生の場合であれば、不安な気持ちを親が聞いてあげるだけでも効果があるでしょう。

ただし、大事なことは「書いたものを誰も読まない」というこの手法に合わせて、**子供が不安を口にした時には、それに対してネガティブな反応をしてはいけません。**

見守る大人もプレッシャーや不安を書き出そう

入試などのビッグイベントに際しては、受験生本人よりも親の方がピリピリしてしまう場合もあるでしょう。

そうした親の気持ちの揺れは、百害あって一利なしです。

子供は親の不安を敏感に読み取り、不要なプレッシャーを感じてしまうからです。

プレッシャーは180ページの研究33で説明したとおり、脳の働きを阻害し、難しい問題を解く際の弊害になります。

子供の一大イベントに際して親がストレスを感じるのは当然なのですが、親の方もそのストレスに負けないよう、プレッシャーや不安に関する気持ちを書き出してみましょう。

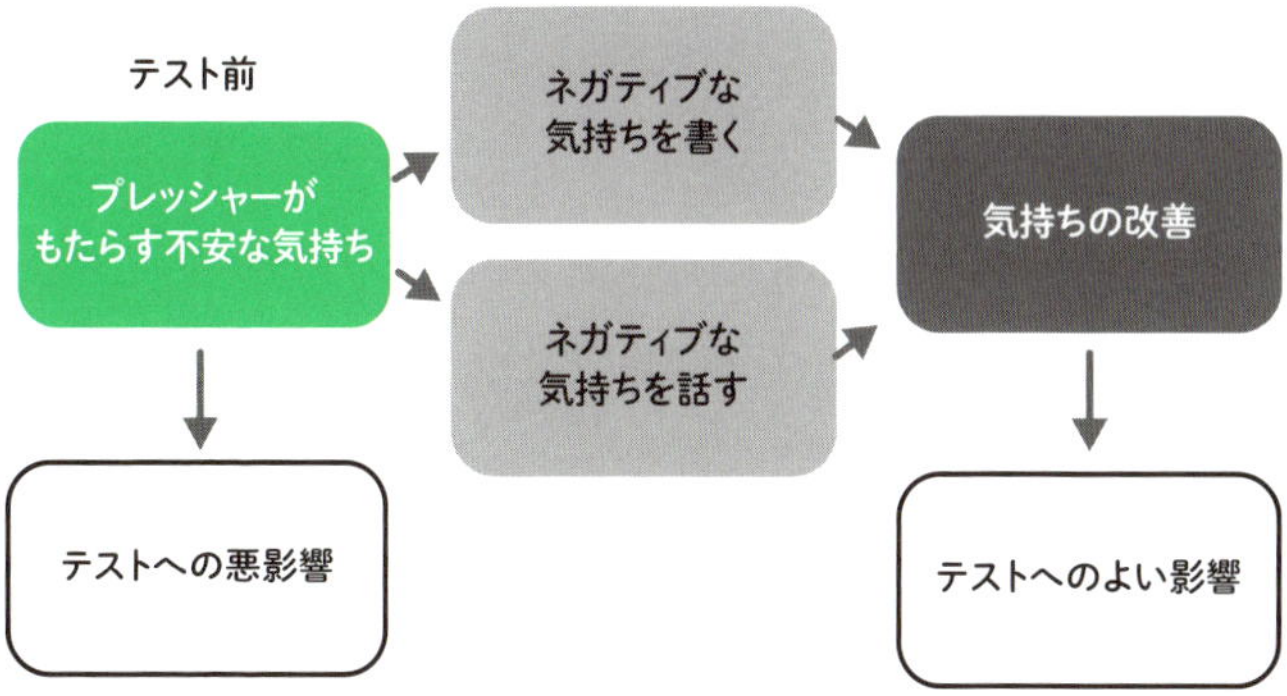

図1. プレッシャーがかかるときの書くことの効果

参考文献: Park, D. et al. (2014) The role of expressive writing in math anxiety. Journal of Experimental Psychology: Applied, 20, 103-111.

ルーティン効果を活用しよう

――繰り返しで身につく冷静さ

ルーティン（routine）**とは、「日常の仕事」や「決まった動作」**といった意味の英語です。例えば、スポーツ選手にとってのルーティンには、とても大事な目的があります。

それは、気持ちのコントロールです。大事な試合の前には気持ちをぐっと盛り上げなければなりません。とはいっても、盛り上がりっぱなしではダメですね。頭がカーッとしていると、大きな失敗をしてしまうかもしれません。気分を高めつつも冷静になる必要があります。

気持ちをコントロールしていくための1つの方法がルーティンです。ルーティンは本番のときだけに行うものではありません。練習時にも同じ動作を繰り返して行います。その動作を本番でも行うことによって、プレッシャーがかかる大事な場面でも練習と同じような気持ちになることを目指すのです。

なぜルーティンには効果があるのでしょうか？

その理由は「動作の繰り返し」にあります。**練習と本番で同じ動作を何回も繰り返すことによって、練習時に感じている冷静さや落ち着きを本番で思い出せる**ようにしているのです。

繰り返すことによって、平常心を取り戻すことができる理由は、繰り返しにより私たちの体の反応が変わるからです。

ここで私たちの研究グループが行った実験を紹介しましょう。研究35を見てください。

研究

35

ルーティンで冷静さを獲得

方法

画面に出ている物を探すために目を動かす、という単純な動作を毎日繰り返して行います。そのときの瞳孔（黒目）の大きさ（図1）を測定しました。瞳孔の大きさは専用機器で正確に測定することができます。落ち着いているときは瞳孔が小さくなり、興奮しているときは瞳孔は大きくなります。

結果

画面上の物を探しているときの瞳孔は、徐々に小さくなりました（図2）。つまり、冷静な気持ちが強まっていることがわかります。

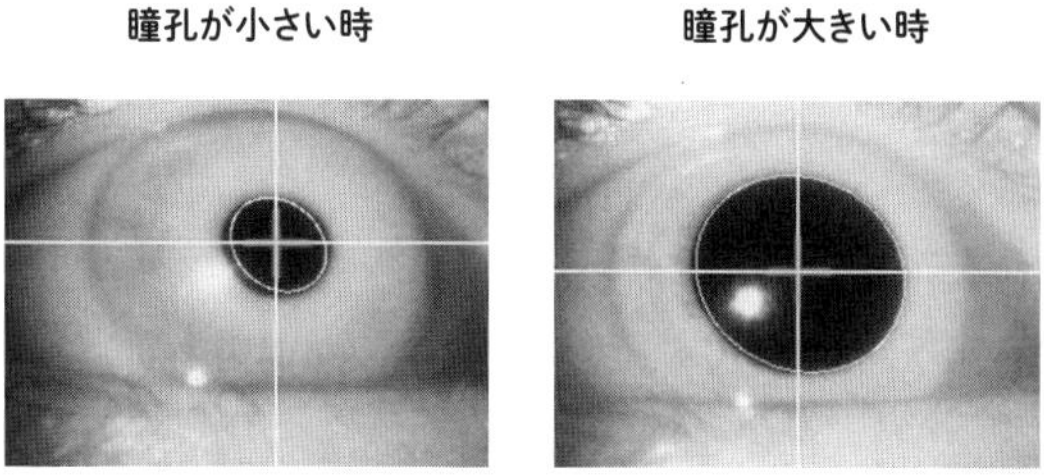

図1. 瞳孔の大きさの測定[データ提供: 吉本早苗(広島大学)]

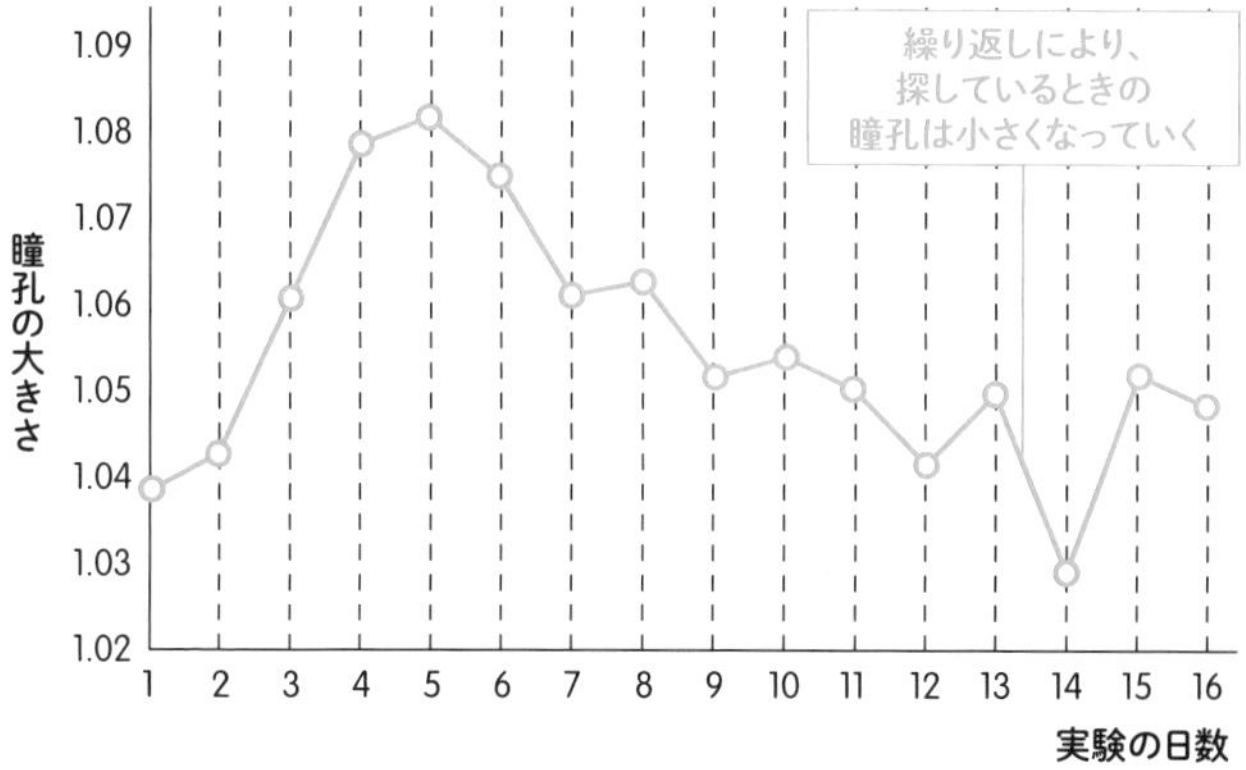

図2. 瞳孔の大きさの変化と実験日数との関係

参考文献: Takeuchi, T., Puntous, T., Tuladhar, A., Yoshimoto, S., & Shirama, A. (2011) Estimation of mental effort in learning visual search by measuring pupil response. PLoS ONE, 6, 1-5.

〝いつもと同じ〟が冷静さのカギ

この実験では、パソコンの画面に出ているある物を、目を動かして探す、という動作を毎日繰り返し行います。

目を繰り返して動かすのもルーティンの1つです。

この動作を行っているときに、その人の瞳孔（黒目）の大きさを測定しました。

すると、探しているときの瞳孔の大きさは、数日たつと徐々に小さくなっていくことがわかりました（研究35－図2）。

瞳孔が小さいときには、私たちはより冷静になっています。これは専門的にいえば、副交感神経の働きが強くなっている状態です。

繰り返しの動作によって、私たちの体の反応や気持ちを実際に落ち着かせることができるのです。

こうしたルーティンによる繰り返しの効果は、学習にも取り入れることができます。学習時とテスト時で同じ動作を行ってみます。すると、緊張が高まる本番のテスト時でも、冷静さを取り戻すことができるでしょう。

おすすめの動作としては、目をつぶって少し考える、お気に入りの参考書をめくってみる、同じブランドの鉛筆を使うなど、いろいろとあります。自分のルーティンをつくって、「いつもと同じ」冷静な状況をつくりだしましょう。

ライバル効果に惑わされない

――成績が下がる錯覚

入学試験や資格試験などは大きな会場で行われることもあります。例えば、大学入試では、一度に100名以上の受験生が同じ教室で試験を受けることも普通です。

ですが、子供たちはふだんの学校では、こんなにたくさんの人たちと一緒に試験を受けることはまずないでしょう。100名も受験生がいる会場に入ったとたん、その多さに圧倒されてしまうこともあるかもしれません。

さて、ここで質問です。受験生の数、つまり自分のライバルの数が多いとき、「やる気」に変化は起きるでしょうか？

2009年にアメリカで発表された研究から、ライバルの数が多いとやる気が失せ、その結果として試験の成績が下がってしまうことがある、という事実がわかりました。

この実験ではまず、推論能力や数学的能力を試すテストを多数の大学生に行いました。そのときに、多人数の教室でテストを受ける、少人数の教室でテストを受ける、といったように、同時にテストを受ける学生の人数をいろいろと変えました。

その結果、**同時にテストを受けた学生の数が少ないときほど、テストの成績がよくなる**ことがわかりました。つまり、たくさんの学生と一緒にテストを受けたときには、その成績があまり上がらなかったのです。

続いてこの研究では、「ライバルは多い」という思い込みが成績に影響するかどうかを調べました。研究36を見てください。

研究

36

ライバルの人数とテストの成績

方法

74名の大学生が実験に参加しました。一般的な知識に関する問題をできるだけ早く解くことが課題です。

実験参加者は2つのグループに分けられました。

1つのグループには、「あなたの他に10名の人が同じ問題を解きます。早く解けた上位20％の人には賞金5ドルを差し上げます」と伝えました。

もう1つのグループには、「あなたの他に100名の人が同じ問題を解きます。早く解けた上位20％の人には賞金5ドルを差し上げます」と知らせました。

各実験参加者は、周りに誰も人がいない状況で問題を解きました。

結果

10名がライバルであるといわれた実験参加者たちは、100名がライバルであるといわれた参加者よりも、短い時間で問題を解きました。

各実験参加者は1人で問題を解き、また賞金獲得の難しさはどちらも同じ（上位20%）であることから、ライバルの数による錯覚が生じて、それが成績に影響したといえます。

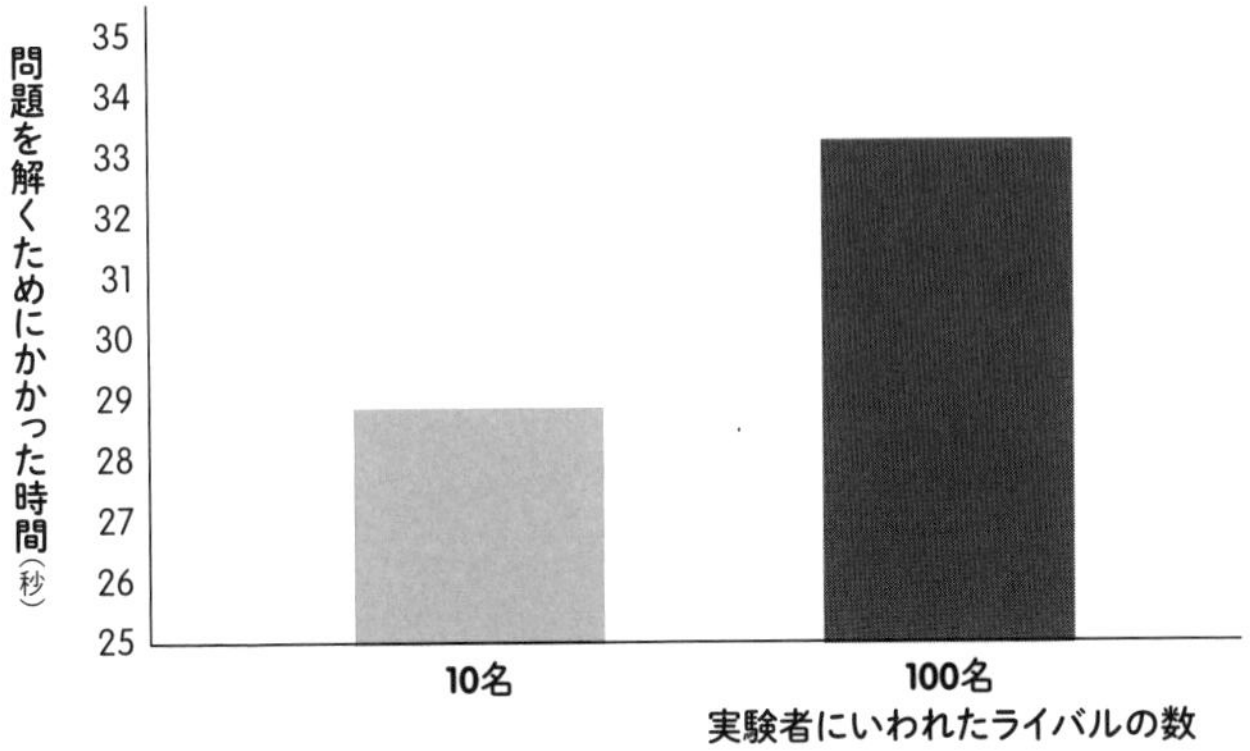

図1. ライバル数と問題を解くためにかかった時間との関係［Garcia & Tor(2009)を改変］

参考文献: Garcia, S. M. & Tor, A. (2009) The N-Effect: More competitors, less competition. Psychological Science, 20, 871-877.

ライバルは少ない、と思い込む

実験は意外な結果となりました。

たとえ自分の周りに誰もおらず、1人でテストを受けた場合でも、**「自分は100名と競争している」と考えたときの方が、「自分は10名と競争している」と考えたときよりも、回答に時間がかかってしまった**のです（研究36－図1）。

この実験から、人数が多いと成績が下がる効果は、実際に多人数のライバルを目の前にして圧倒されたのではなくて、**錯覚による思い込み**によるものであることがわかります。

この実験では、賞金をもらえる難しさは上位20％と、ライバルの人数によって変わらないのですが、人数がもたらす錯覚は成績に影響してしまいました。

こういった人間の心の特徴を逆手にとって、自分は錯覚にはだまされないぞ、と考えることが重要です。

実際の受験においても、見かけの倍率（志望倍率）と実際の倍率（実質倍率）は、中・高・大に関わらず一貫しないのが普通です。特に大学受験であれば、志望倍率は１００倍なのに実質倍率は数倍程度であった、といったこともよくあります。

たとえ**会場にたくさん受験生がいたとしても、実はこの中で真のライバルと呼べる人はほんの少数なのだ、と考える**ようにしてみましょう。実際そうなのですから。

先延ばしの誘惑

――期限は自分で決めると効果的

どんなことにも最終期限があります。勉強に関していえば、宿題の提出日や、模擬試験日、期末試験日、中学や高校、大学の受験日、資格試験の日など、いろいろと思い浮かびます。

最終期限まではまだ時間があるから、あとでやればいいいや、と考えてしまうこともありますよね。

これが「先延ばし」です。受験日のように2年先という場合には、先に延ばす気持ちもわかります。しかし、宿題のように期限が目前に迫っていても先延ばししてしまう人もいるのではないでしょうか。

お風呂に入ってから宿題をしよう、とか、もう1ゲームやってからにしよう、とか……。ここで紹介する研究は、いけないと思いつつも誰もがやってしまう、こんな「先延ばし」の疑問解明にチャレンジしています。研究37をみてみましょう。

研究

37

先延ばしを防ぐには、自分で期限を決める？

方法 学生たちは1学期の間に、3つの宿題を提出しなければなりません。学生は次の3グループに分けられました。［Aグループ］3つの宿題の提出期限があらかじめ適切に決められていました。［Bグループ］自分で3つの宿題の提出期限をそれぞれ決めました。［Cグループ］3つの宿題の提出日は学期の最終日とされました。

結果

レポートの出来（得点）は、期限が決められたAグループ、自分で期限を決めたBグループ、期限が学期の最終日であったCグループの順番となりました。

最終期限に遅れた人数はこの逆となり、期限を学期最終日とされたCグループで最も多くなりました。

また、**期限を決められたAグループが、この課題を一番つまらないと感じていました。**

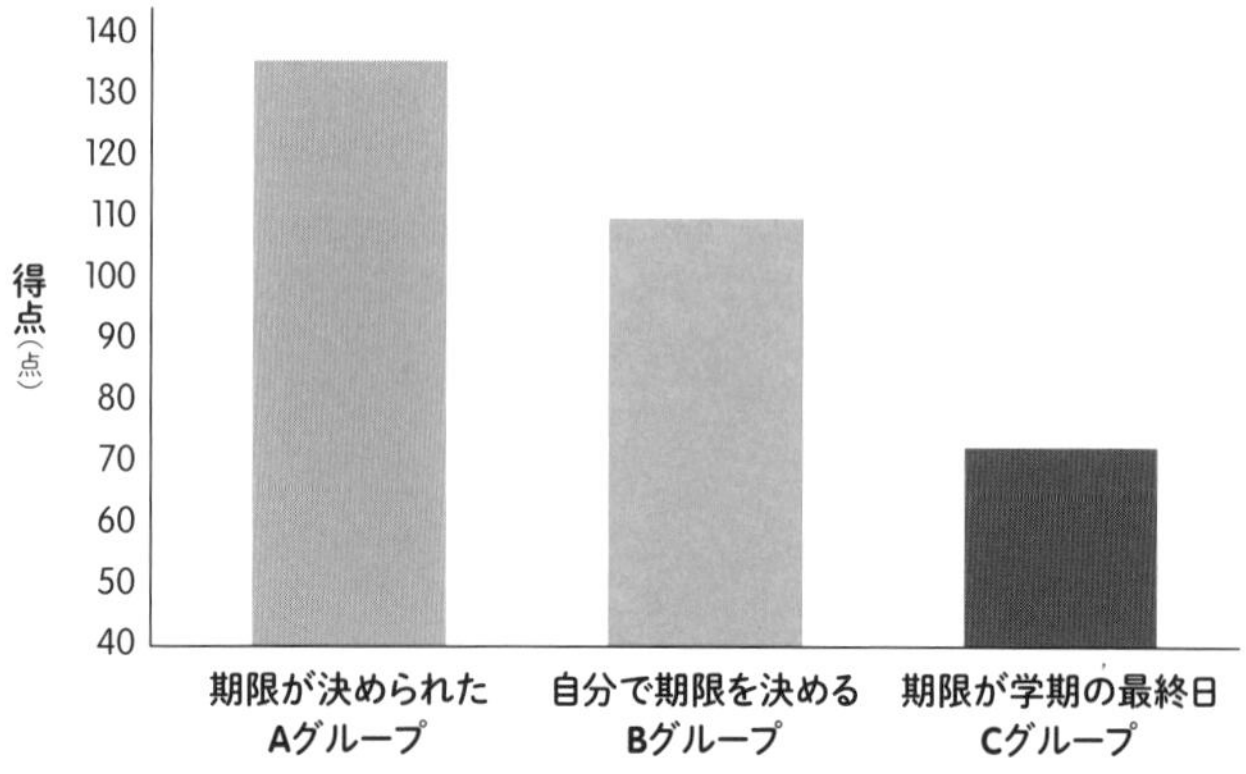

図1. 期限の決め方と得点との関係［Ariely & Wertenbroch(2002)を改変］

参考文献: Ariely, D. & Wertenbroch, K. (2002). Procrastination, deadlines, and performance: Self-control by precommitment. Psychological Science, 13, 219-224.

自分で期限を決めることの意外な効果

研究37では、学生たちは1学期の最終日までに3つの宿題を提出しなければなりませんでした。学生たちは3グループに分けられました。

あるグループ（Bグループ）では、3つの宿題それぞれの期限を自由に決めることができます。学期の最終日に3つまとめて提出してもいいし、3つ別々に提出してもいいのです。ただし、自分で決めた期限から遅れてはいけません。遅れると宿題の点数が下がるというペナルティがあります。もちろん学期の最終日に遅れてもいけません。

さて、こんな状況では、みなさんはどのように期限を設定するでしょうか？心の葛藤があるはずです。すべての宿題の提出を最終期限（つまり学期の最終日）とする場合、宿題に使える時間が長くとれることになり、成績アップの可能性があります。その一方で、期限が先になればなるほど「先延ばし」したくなるので、結果として使える時間が短くなり、成績ダウンにつながるかもしれません。

実験には、提出期限の設定について別の決め方をした2グループにも参加してもらいました。Aグループでは、3つの宿題の提出期限があらかじめ決められており、適切に間隔を空けて出すように日付が設定されていました。Cグループでは、3つの宿題すべての提出日が学期の最終日とされました。

自分で期限を決めたほうが楽しく感じる

さて、期限を自由に決められるBグループの学生たちはどうしたでしょうか。ほとんどの学生は学期の最終日での提出を選びませんでした。ペナルティの可能性があったとしても、先延ばしを防ぐために、みずから早めに期限を設定したのです。

このようにして自分で期限を決めた効果はあったかというと、確かにありました。**期限を自分で設定した学生（Bグループ）の方が、期限を全く設定できなかった学生（Cグループ）よりも、宿題の出来はよかった**のです（研究37－図1）。

では、学生たちが自分で設定した期限は適切だったのでしょうか？

実は、宿題を3回に分けて定期的に提出するよう強制的に決められたAグループの学生より、出来はよくありませんでした。しかしBグループの中でも、3つの宿題を定期的に出すように自分で期限を設定した学生たちは、Aグループの学生と同じくらい高い得点をとりました。つまり、自分で決める場合でも、その期限が適切であれば効果的なのです。

さらに、**強制的に期限を決められたAグループよりも、自分で期限を決めたBグループの方が、宿題のための勉強を楽しく感じていました**。こういった気持ちは、勉強を長続きさせるうえでとても重要なことです。強制的に期限を決めると一時的な点数は上がるかもしれませんが、長い目で見れば、自分で期限を積極的に決める方がよいといえます。

先延ばしのポジティブな効果

先延ばしはよいことではないと考えられていますが、悪い側面だけではありません。先延ばしをする人にも2タイプあり、先延ばしを成績アップのために上手に使っている人たちもいるのです。研究38をみてみましょう。

カナダで行われたこの研究では、たくさんの学生に勉強に関する先延ばしについて質問に答えてもらいました。

すると、「勉強を先延ばししないグループ」、「勉強をつい先延ばししてしまうグループ」、「意識して勉強を先延ばしするグループ」という3グループに分類できることがわかりました。続いて、これらの学生たちの大学における総合成績（GPAと呼びます）を調べました。

研究38－図1をみてください。結果は予想通り、先延ばしをしない学生たちの成績が最も高くなりました。

しかし、**意識して先延ばしをする学生たちの成績もさほど悪くはありませんでした**（数学的には差はありません）。つい先延ばしをしてしまう学生たちの成績は最も低くなりました。

研究

38 先延ばしは常に悪い影響を及ぼす？

方法 カナダの大学生230名に、勉強の先延ばしに関して、「課題の期限があるとき、先延ばしにすることがありますか？」といった質問を行いました。

結果 調査の結果、先延ばしをしないグループ、つい先延ばしをしてしまうグループ、そして意識して先延ばしをするグループの計3グループに分類されました。テストの総合成績は、先延ばしをしないグループが最も高く、つい先延ばしをしてしまうグループが一番低いことがわかりました。

なお、先延ばしをしないグループの成績と意識して先延ばしをするグループの成績には、統計的な違いはありませんでした。

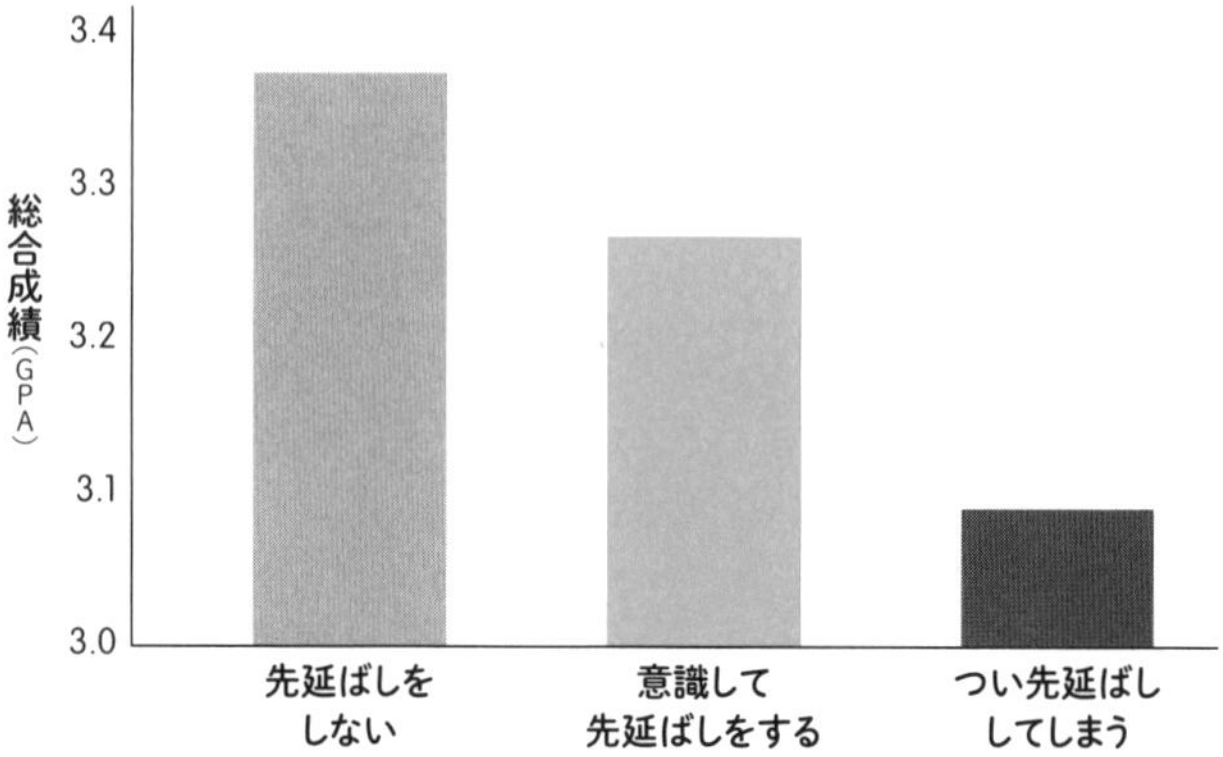

図1. 先延ばし方法と総合成績との関係［Chu & Choi (2005)を改変］

参考文献: Chu, A. H. C., & Choi, J. N. (2005). Rethinking procrastination: Positive effects on “active” procrastination behavior on attitudes and performance. The Journal of Social Psychology, 145, 245-264.

あえての先延ばしは成績が落ちない

つまり、なんとなくサボってしまい先延ばしをしてしまうのは、やはりよくないのです。では、意識して先延ばしをするというのはどういうことなのでしょうか、なぜよい成績をとることができるのでしょうか？

その理由を一言でいうなら、プレッシャーを結果につなげることができる、ということです。

意識して先送りする人たちは、つい先送りしてしまう人たちと違い、「先送りすることを自分の意志で決める」、「期限が迫るというプレッシャーを好む」、「期限までに必ずやりとげる」という信念を持っています。

こういった考えを持っているからこそ、最後の最後にがんばることができ、結果として先延ばしをしているにもかかわらず成績は落ちていないのです。

しかし、ストレスも多いので要注意

「もうすぐ期限がくる」というプレッシャーを感じると頭の回転が速くなる人にとっては、意識して先送りするという方法は悪くはありません。ただし、どのような科目にもこのような考え方が当てはまるわけではありません。たくさんの内容を暗記しなければならない場合は、先延ばししてはダメです。

それは、覚えるための時間がなくなるからです。第2章96ページなどでも指摘したように、しっかりと記憶するためには、時間間隔をあけて何回も復習していく必要があります。

プレッシャーによって内容がよくなるのは、作文や論文、エッセイなど、自分からわき出てくるアイディアが重要になってくるような課題です。

こういった課題ではギリギリになるとよいアイディアが出てくることもあるので、あえて先延ばしにする、という手も有効といえるでしょう。

最後に1つ指摘します。課題をあえて先延ばしにする、というのは実はつらいことです。というのも、先延ばしをしている間、その課題がどうしても心の中に残ってしまうからです。

先延ばしをしてよい結果を出せるのは、実はその間に、課題について考え続けているからに他ならないのです。実際に別の研究では、**先延ばしをしがちな人はストレスを感じていることが多い**、という結果が報告されています。先延ばしは、それが本当に有効な課題のみにとどめておくべきでしょう。

成績を支配する〝平均への回帰〟

――失敗や成功で一喜一憂しない

テストの点数には、自分ではどうにもならない「法則」があるのです。子供や親が知っておきたい、そんな法則の1つを紹介しましょう。

まず、2人の生徒、AさんとBさんがいるとします。2人の普段の成績はよく似ており、学年では真ん中あたりです。

ある中間テストでAさんが素晴らしい点数をとったとします。なんと学年で最上位に入りました。

周りからも「スゴいね!」とほめられ、思わず顔がほころびます。

でもしばらくすると、Aさんはプレッシャーを感じ始めました。周りからの期待を感じ、次の期末テストでもいい点をとりたい、という思いが出てきたからです。

一方でBさんは、中間テストでとても悪い点数をとってしまいました。最下位に近い成績です。Bさんにもプレッシャーがかかります。次の期末テストでは同じようなひどい点数はとりたくないからです。

ではここで、2人の期末テストの点数を予想してください。中間テストで素晴らしい点数をとったAさんですが、残念ながら期末テストでは下がってしまうだろうと予想した人が多いのではありませんか？

一方で、中間テストはよくなかったBさんですが、期末テストでの点数は上昇しそうですよね。

でも何か不思議ではありませんか？

Aさんも Bさんも同じようにプレッシャーを感じ、そしてテスト勉強をがんばったはずですよね。しかしみなさんの予想通り、Aさんの点数は下がり、逆に

Bさんの点数は上がるのが普通なのです。いったいどういうことでしょうか？

この謎を解くために、プロゴルフのデータを紹介します。優勝賞金はなんと2億円以上というマスターズ・ゴルフトーナメント、プロゴルファーなら誰でも優勝を夢見る大会です。参加選手全員が強いプレッシャーを感じており、そして試合に全力で立ち向かうはずです。研究39をみてください。

研究

39

ゴルフにおける平均への回帰

方法

2006年のマスターズ・ゴルフトーナメントにおける、初日と2日目のスコアを比較しました（参加選手90名）。

結果

初日のスコアがとてもよかった選手たち（70打）の2日目のスコアは悪くなりました。

初日にとても悪いスコア（80打）が出た選手たちの2日目のスコアはよくなりました。

どちらの場合も2日目には全員の平均値（74打）に近づくという「平均への回帰」が表れました。

誰もが一生懸命やっているはずですが、それでもスコアにはこの法則が表れました。

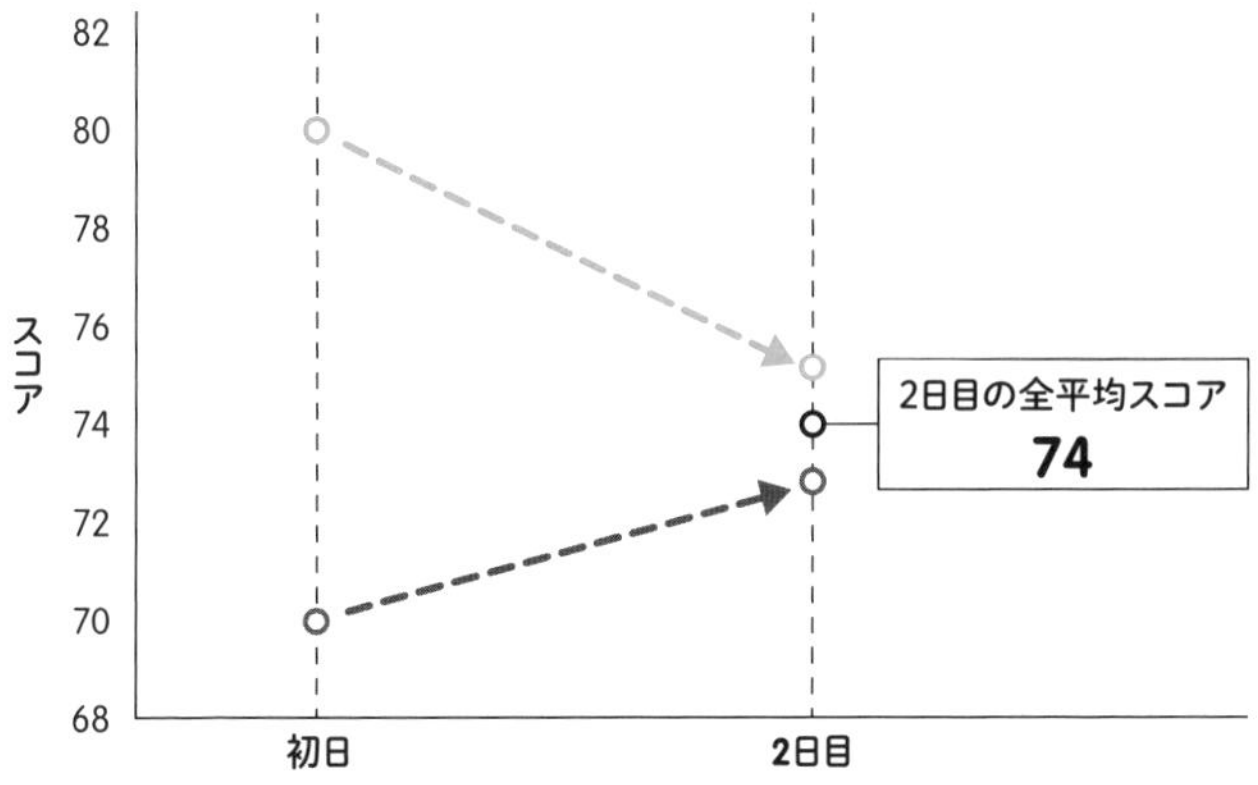

図2. 初日と2日目のゴルフスコアの平均値［Berry(2006)を改変］

参考文献: Berry, S. M. (2006) "A Statistician reads the sports pages: Statistical fallacies in sports", CHANCE, 19, 4, 50-56.

成績は上下しながら、平均に落ち着く

研究39の結果をみていきましょう。ゴルフでは打数、つまり打った回数が少ないほどよいスコア（成績）になります。試合は４日間にわたって行われます。初日に70打だった選手たちの、２日目の平均スコアをみてみましょう。

70打という成績は、マスターズでは素晴らしいスコアです。この選手たちの２日目の打数は73打に増えていますね。つまり、２日目は初日よりスコアは悪くなったのです。一方で、初日に80打（これはかなり悪いスコアです）だった選手たちですが、こちらは２日目では75打と、ずっとよくなっています。

Aさん、Bさんのテストの結果とよく似ていませんか？

実はゴルフでもテストでも成績の変動とプレッシャーやがんばりが関係しないことがあるのです。プロゴルフの例をみればわかるように、誰もが一生懸命やっていたとしても、**とてもよい成績をあげた人は、次は悪くなる可能性が高く、と**

ても悪い成績だった場合は、次はよくなる可能性が高いのです。

これは**「平均への回帰」という、誰もが逃れることができない「法則」**です。この法則をみつけたのは近代統計学の基礎を築いた一人、イギリスのフランシス・ゴルトンでした。プロゴルファーだろうが小学生だろうが、この法則は誰にでも当てはまります。

当たり前のようでいて、この法則をきちんとわかっている人は意外に少ないようです。例えば、テストや課題などでひどく失敗した時に、叱りつけたとします。その次のテストや課題でうまくいったとしたら、それは叱ったせいではないのだと、心理学者ダニエル・カーネマン（2002年ノーベル経済学賞）は共同研究者エイモス・トベルスキーと共に指摘します。

「単に平均への回帰が起きているにすぎないから、叱ることに意義があった、したがって叱る教育方法が正しいのだと勘違いしないように」、とカーネマンらは警告しているのです。

参考文献: Tversky, A. & Kahneman, D. (1974) Judgment under uncertainty: Heuristics and biases. Science, 185, 1124-1131.

ひらめきを生む秘訣は睡眠にあり

——頭を使ったあとに眠る効果

メンデレーエフという学者の名前を聞いたことがある人も多いでしょう。H（水素）、He（ヘリウム）、Li（リチウム）……と続く元素周期表の原型を作成したロシアの化学者です。メンデレーエフは夢の中で周期表の発想を得た、といわれています。夢に周期表の形が現れ、元素名が整然と並んでいた、というのです。メンデレーエフは目覚めると急いで夢の内容を書きとめ、そして発表しました。

すばらしいアイディアが突然夢の中に現れた、というこの話のポイントは、「夢」というよりは「睡眠」にあります。つまり、**寝ることで難しい問題が解けてしまう場合がある**、ということです。睡眠にそんな力があるのでしょうか？　今回はこの疑問に取り組んだ研究を紹介しましょう。研究40をみてみましょう。

研究

40

睡眠によって隠された解法が見つかる？

方法

実験参加者は、あらかじめ教えられた規則に基づいて、数列の計算を行いました。この規則を使うと、答えが出るまでの計算回数は7回です。

ところが実は、計算回数が2回ですむ**簡単な解き方もありますが、そのことは実験参加者には教えません。**

実験参加者を図1のようにグループ分けし、それぞれ2回の数列計算問題を行いました。各回とも90問を解きます。実験参加者はまず90問の数列計算を行いま

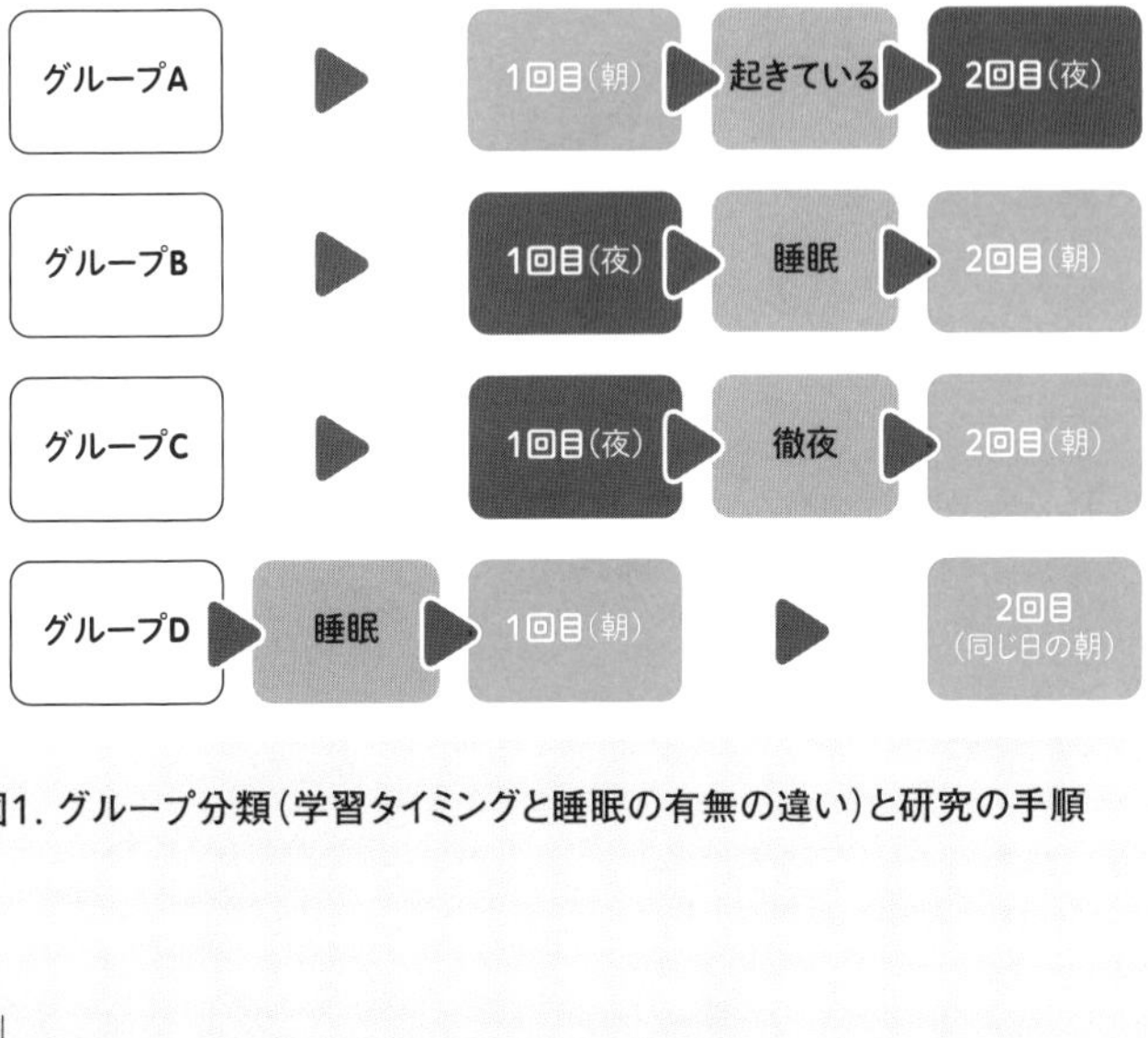

図1．グループ分類（学習タイミングと睡眠の有無の違い）と研究の手順

した（1回目）。次に、実験参加者はA～Cの3グループに分けられ、どのグループも8時間後、ふたたび数列計算問題を行いました（2回目）。グループAの実験参加者は、1回目を朝に行い、2回目を夜に行いました。**グループBは、夜に1回目を行ったあとに十分睡眠をとり、朝に2回目を行いました。**グループCは夜に1回目を行ったあとに徹夜して、朝に2回目を行いました。

結果

2回目の問題を解いているときに簡単な解き方に気がついた人数の割合は、1回目の学習のあとに睡眠をとったグループBが最も多くなりました（図2）。

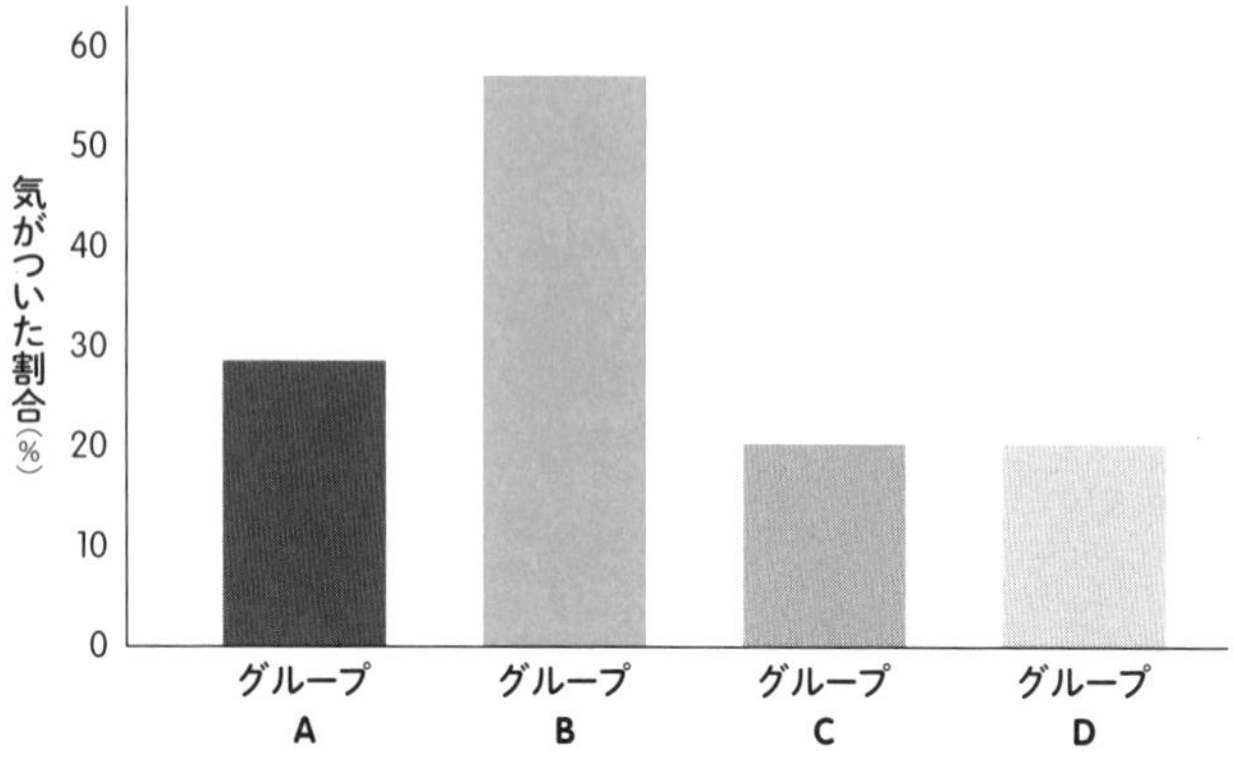

図2. グループ別にみた簡単な解法に気がついた割合［Wagnerら（2004）を改変］

参考文献: Wagner, U., Gais, S., Haider, H., Verleger, R., & Born, J. (2004) Sleep inspires insight. Nature, 427, 352-355.

学習後の睡眠がひらめきを呼ぶ

1回目の計算では、ほとんどの実験参加者は簡単な解き方に気がつきませんでした。2回目では、グループBの参加者の多くは簡単な解き方に気がつきました（研究40－図2）。一方、他グループの参加者は、簡単な解き方にほとんど気がつきませんでした。

この実験から、どこに答えがあるかわからない難しい問題に取り組むときには、睡眠がひらめきを与えてくれることがわかりました。ただし、ひらめくためには条件があります。別の実験参加者（グループD）が次のような課題を行いました。

まず夜にしっかりと寝て、そして朝になったら1回目と2回目の問題を続けて解いたのです。このグループには、簡単な解法に気がついた人はあまりいませんでした。つまりただ寝るだけではダメで、まずは学習し、そのあとしっかり寝ることが必要だということです。メンデレーエフは、これまでに発見されていた元素をどのように並べるか、いつも頭を絞って考えてきました。ですから、ある夜の睡眠中、歴史に残るすばらしいアイディアにたどりついたのでしょう。

差がつく休けい時間の使い方
——脳を休ませて成績アップ

もうひとつ、子供たちの学習を見守るときに役立つヒントを紹介します。勉強の合間の休けい時間には何をすればよいでしょうか？

まずは想像してください。いま、みなさんの子供が今度のテストに向けて家で勉強しているところです。

ちょうど英語の勉強が終わりました。英語の勉強では新しい単語や熟語をいくつか覚えました。また文法の勉強もしました。英語の次は歴史を勉強する予定です。

ずっと勉強を続けるのも大変なので、学校と同じように、英語と歴史との間には10分くらいの休けい時間を入れるようです。

実は意外なことに、この**短い休けい時間に何をするか、それによって直前に学んだ内容をどれだけ忘れずにいられるかが決まってしまう**ことがわかっているのです。

先ほどの例でいえば、英語の単語や熟語、文法などをどれだけ覚えていられるかは、そのあとの休けい時間のすごし方と関係しているのです。

この実験を紹介する前に質問です。子供たちは勉強の合間の休みをどのように過ごしているでしょうか？

ゲームにとびついてしまう人もいるかもしれません。漫画を読み始める人もいるかもしれません。スマホで友だちに連絡をとる人もいるかもしれません。あるいは、ぼうっとリラックスしている人もいるかもしれません。それでは研究41をみてみましょう。

実験からわかったこと、それは直前に勉強した内容が一番頭に残っているのは、この最後の人たちなのです。

つまり、**直前に学習したことをできるだけ記憶に残すには、学習した直後に、何も考えずにリラックスするのが一番よい**のです。

研究

41 学習後には何をするべき？

方法

実験では、まず読み上げられる単語を覚える学習を行いました。そのあとで8分間の休けい時間をとり、その間にいろいろな課題を行いました。最後にテストを行い、単語をどれくらい覚えているかを調べました（図1）。

結果

休けい時間にぼうっとリラックスしていたグループの点数が一番よいことがわかりました。どんな課題であっても、何かを行ったグループの成績は低くなりました。

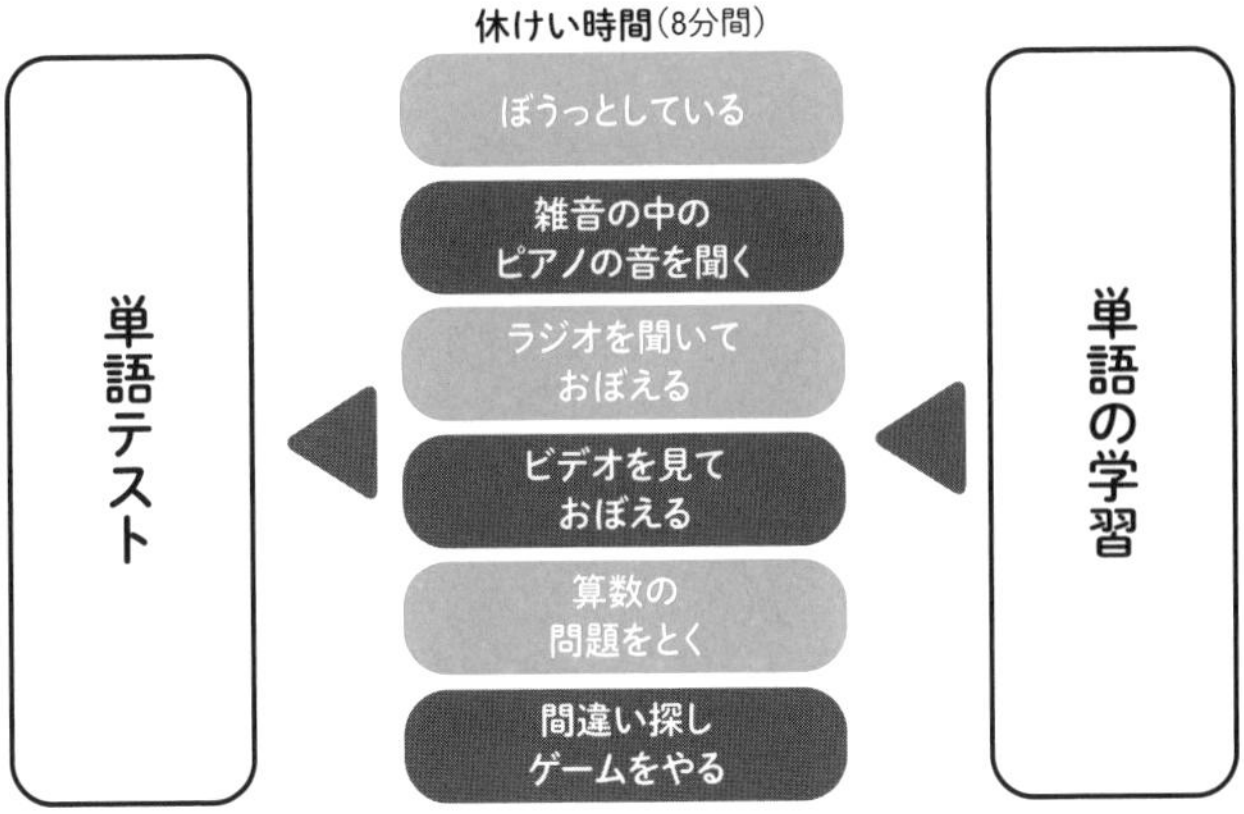

図1.研究の手順

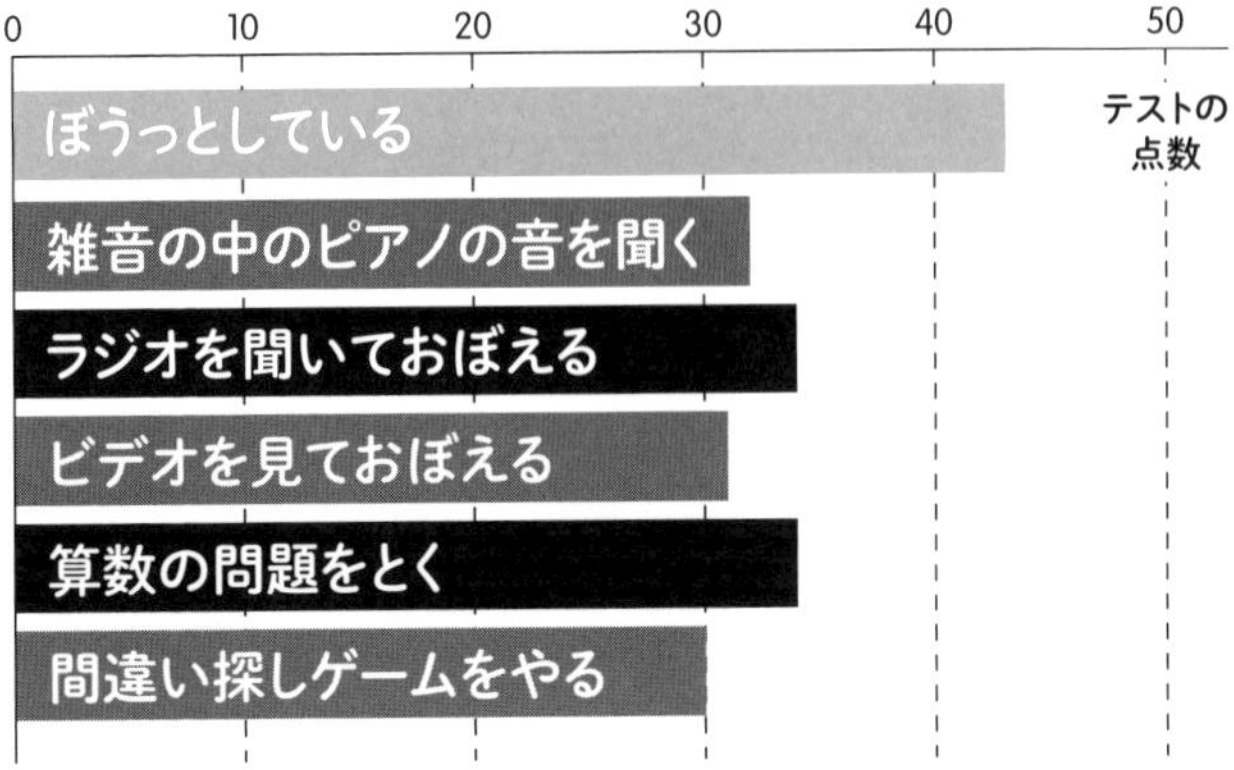

図2. 休憩時間の行動とテストの点数［Dewarら(2007)を改変］

参考文献: Dewar, M. T., Cowan, N., & Della Sala, S. (2007) Forgetting due to retroactive interference: A fusion of Müller and Pilzecker's (1900) early insights into everyday forgetting and recent research on anterograde amnesia. Cortex, 43, 616-634.

休けい時間には頭を使わない

この実験ではまず、読み上げられた単語をどんどん覚えるという学習を行います。そして、単語を覚える学習が終わったあとの8分間に、いろいろな課題を行います。

8分間たったら、学習で覚えた単語をどれだけ思い出せるか、テストを行いました。この8分間の休けい時間をどのように使うと、テストの結果がよくなるのでしょうか？

直感的には、何か別のことを覚えようとすると、その前に覚えたことは忘れがちになりそうですが、ここで紹介する実験の結論はそうではありません。研究41－図2を見ると「ぼうっとしている」グループの点数が最も高くなりました。**たとえ何かを記憶しようとしなくても、休けい時間に頭を使うだけでその直前に覚えたことを忘れがちになる**、というのが結論です。

15分しか集中できない?

――変動する集中力

学習に関して質問を受ける機会が多いのですが、中でも**一番よく聞かれる質問は、「どうしたら勉強に集中できるでしょうか?」**というものです。本書の最後ではこの悩みに答えましょう。

インターネットで調べると、児童が勉強時に集中できる時間(注意が持続できる時間)はせいぜい15分程度だ、という記述を目にすることがあります。

実際、授業においては学生の集中力は徐々に弱まり、15分たつと講義に注意することが難しくなるという説が、アメリカで出版されている教育関連の本に記載されています。

この記載に疑問を持った研究者がそれまでの研究を厳密に調査したところ、

参考文献: Bradbury, N. A. (2016) Attention span during lectures: 8 seconds, 10 minutes, or more? Advances in Physiology Education, 40, 509-513.

「15分」という時間には、きちんとした実験的根拠があるわけではないことがわかりました。現在では、集中力は、徐々に弱まっていき15分たつと消える、といった単純なものではないと考えられています。しかし、集中力はいつでも一定ではないという実感もありますよね。研究42を見てください。

研究 42
授業中の集中力の変化

方法 アメリカの大学において、授業における学生の集中力の測定を試みた実験を紹介します。この実験では、各学生の手元にボタンを用意し、授業中に自分の注意力がなくなった（集中できなくなった）と感じた時に押してもらうようにしました。化学の授業において、こうした実験を4週間にわたって続けました。

結果

図1は2つの授業における注意の変化を表したものです。実験の結果から、**授業中における注意は高まったり弱まったり複雑に変化し、15分間かけて徐々に弱くなっていくわけでもない**ことがわかりました。

集中力がもし徐々に弱まっていくのであれば、図1のグラフは右にいくにつれて値が大きくなっていくはずですが、そうした傾向は表れていません。

また2つの授業で注意の変化の仕方は違っていることから、集中力の変化は授業内容や先生の教え方に依存する考えられます。

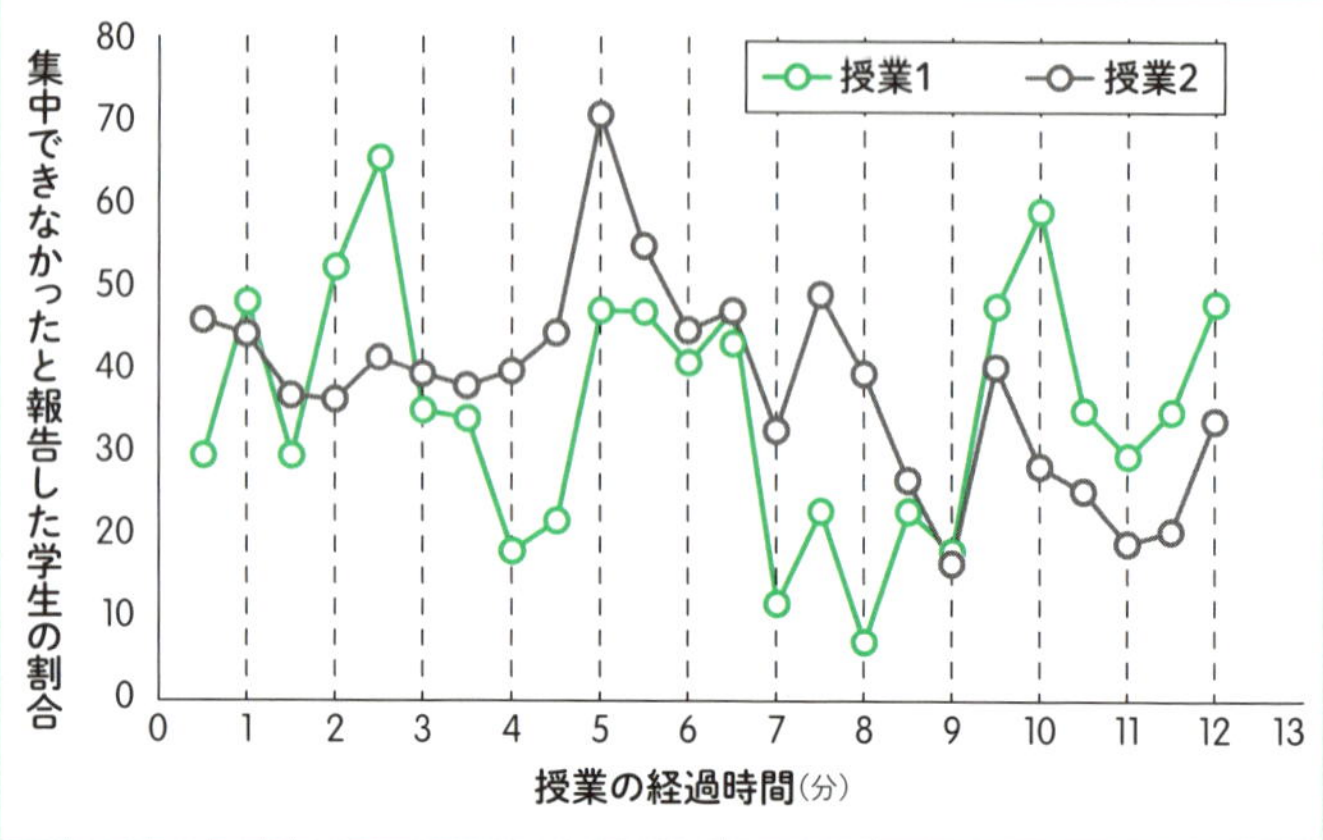

図1. 授業の経過時間と集中力との関係［Bunceら(2010)を改変］

参考文献: Bunce, D. M. et al. (2010) How long can students pay attention in class? A study of student attention decline using clickers. Journal of Chemical Education, 87, 1438-1443.

集中するのが難しいことはあたりまえ

研究42－図1は大学生の結果ですが、小学生や中学生の場合も同等に、あるいは大学生以上に注意力は短い時間の間に揺れ動くでしょう。

ですから、勉強に対してずっと集中するのが難しいのはあたりまえのことだ、と考えてよいのです。

集中を切らさない方法の一つは、勉強の邪魔をしない他者の近くで勉強することです。自宅リビングや図書館・自習室などで学習するのは有効です。

ただし、他者がいるとどうしても気が散ってしまう場合は、自分で集中できる環境をさがしてみましょう。

また、自分には**解けそうにない問題にあたったら、とりあえずそれは飛ばして先に進むといった工夫も効果があります**。全くできなくてギブアップしてしまうと、そこで集中が切れてしまうからです。

おわりに

私たちは人それぞれ、です。背の高さも違えば、運動能力も違いますし、また学力の違いも当然あります。専門的にはそうした差異を個人差と呼びます。しかしまた同時に、私たち全員が、人間として共通の特徴を持っています。

例えば新しい事柄をどのように学習するか、どのように記憶するかといった仕組みは長い進化の過程で形作られたものですから、誇張ではなく全人類に共通しているといえます。一方で、昨今話題になっている人工知能（ＡＩ）による将棋プログラムは、人間とは大幅に異なった学習方法で将棋を会得しているのです。

本書では、個人差に焦点をあてるのではなく、人間に共通の特性に基づいている効率的な学習方法を解説しています。

例えば、分散効果（96ページ）とテスト効果（１２４ページ）の効率性は多くの研究で繰り返し実証されており、疑う余地はありません。

また同時に、こうした効果を得るための勉強法は、必ずしも直感的でない場合がある、という点も重要です。

暗記カードの枚数を多くしたり（110ページ）、曲をバラバラに練習したり（140ページ）する方が効果的だとは思えないかもしれません。それはつまり、自分はどのようにして学習し習得しているか、という自分自身の脳の働きを、その自分自身が必ずしもよくわかっていないことを意味します。本書が、自身や子供たちの脳による学習の仕組みを把握する一助になれば幸いです。

28ページにおいて自己コントロール能力が重要だ、と指摘をしました。では、自己コントロール能力を高めるにはどのようにしたらよいでしょうか？

一つの方法は、成功体験を積み重ねることです。親や先生にほめてもらうことはもちろん重要ですが（50ページ）、実際の成功体験を持つことも重要です。

分散効果・テスト効果や、本書で紹介したその他の脳の仕組みを利用してコツコツと勉強を進めれば、必ずや前進することができるでしょう。がんばっているみなさんの成功をお祈りします。

竹内龍人 Tatsuto Takeuchi

日本女子大学人間社会学部心理学科教授。博士(心理学)。1964年生まれ。京都大学文学部心理学専修卒業。東京大学大学院、カリフォルニア大学バークレー校心理学部、日本電信電話株式会社(コミュニケーション科学基礎研究所)を経て現職。認知心理学の研究に取り組む。

漢字学習《かんじがくしゅう》から算数《さんすう》、英語《えいご》、プログラミングまで

進化《しんか》する勉強法《べんきょうほう》

2019年 2 月21日　発　行
2019年12月15日　第 2 刷

NDC379

著　者　竹内龍人《たけうちたつと》
発行者　小川雄一

発行所　株式会社 誠文堂新光社
〒113-0033　東京都文京区本郷3-3-11
[編集]電話03-5805-7765
[販売]電話03-5800-5780
https://www.seibundo-shinkosha.net/

デザイン　三森健太(JUNGLE)
印刷　広研印刷株式会社
製本　和光堂株式会社
校正　ケイズオフィス
図版作成　天龍社

ISBN 978-4-416-61954-4